Christiane Sternsdorf-Hauck

Brotmarken und rote Fahnen

Für Katharina und Bettina

Die Autorin:
Christiane Sternsdorf-Hauck, geb. 1946 in Hannover, wuchs in Westberlin auf. Studium der Kunstgeschichte, Publizistik und Theaterwissenschaft in Berlin und München. Kunsthistorische Veröffentlichungen. Politisch engagiert seit der Studentenbewegung 1968, nahm sie vor allem an der antifaschistischen, antimilitaristischen und feministischen Bewegung teil. Sie hat zwei Töchter.
Heute lebt und arbeitet sie als Redakteurin in München.

Christiane Sternsdorf-Hauck

Brotmarken und rote Fahnen

Frauen in der bayrischen Revolution und Räterepublik 1918/19

Mit einem Briefwechsel zwischen Frauen vom Ammersee, aus München, Berlin und Bremen

ISP·Köln

Autorin und Verlag bedanken sich beim Verein zur Förderung emanzipatorischer Literatur e.V. und bei zahlreichen Menschen, die durch ihre Spenden diese Veröffentlichung ermöglicht haben.

Titelfoto: Ausweis Heymann, mit freundlicher Genehmigung des Bayrischen Hauptstaatsarchivs (Arbeiter- und Soldatenrat, Akte 31).
Foto Rückseite: Demonstration vom 7. November 1918, mit freundlicher Genehmigung des Archivs der Münchner Arbeiterbewegung.

Bibliografische Information der Deutschen Bibliothek
Die Deutsche Bibliothek verzeichnet diese Publikation in der Deutschen Nationalbibliografie; detaillierte bibliografische Daten sind im Internet über
http://dnb.ddb.de abrufbar.
ISBN 978-3-89 900-130-3

ISP

Neuer ISP Verlag GmbH, Köln und Karlsruhe
Belfortstr. 7, 76133 Karlsruhe
Mail: Neuer.ISP.Verlag@t-online.de
Internet: www.neuerispverlag.de

Der Neue ISP Verlag ist Mitglied von aLiVe (assoziation Linker Verlage).

Erweiterte Neuausgabe, September 2008
© Neuer ISP Verlag GmbH und Autorin
Lektorat: Paul B. Kleiser
Satz: GNN-Stuttgart
Umschlaggestaltung: Druckcooperative Karlsruhe
Gesamtherstellung: Fuldaer Verlagsanstalt, Fulda

1 2 3 4 5 – 12 11 10 09 08

Inhalt

Auftakt zur Novemberrevolution: Die Demonstration gegen Hunger und Krieg vom 7. November 1918 auf der Theresienwiese in München.

Vorwort

»Ein Bild sagt mehr als tausend Worte«, heißt es. Das stimmt nicht immer. Denn manchmal gibt es diese tausend Worte gar nicht.

Bei nebenstehendem Bild fällt eines sofort auf: Auf dem Foto sind ungewöhnlich viele Frauen zu sehen, jedenfalls gemessen an der Zeit (1918) und an dem Anlass: einer politischen Demonstration, die wenig später mit dem Sturz einer ganzen Gesellschaftsordnung enden sollte, der bayrischen Monarchie.

Doch die tausend Worte dazu fehlen: Niemand weiß, wer die Frauen sind, niemand der vielen Autoren, die sich mit der Münchner Rätezeit beschäftigten, hat über sie geschrieben. Das trifft sowohl auf die Revolutionäre selbst zu – es sind bekannte Schriftsteller wie Ernst Toller und Erich Mühsam darunter – wie auf andere Zeitzeugen, aber auch auf die Historiker, die später über dieses so kurze wie spannende (und ursprünglich so hoffnungsvolle) Kapitel der bayrischen Geschichte schrieben.

Willi Winkler hat kürzlich in der *Süddeutschen Zeitung* (SZ, 14. Juli 2008) den räterepublikanischen »Freistaat Baiern«, der nur ein halbes Jahr existierte, als »liberalsten Staat, den es je auf deutschem Boden gab« gepriesen. Er fährt fort: »Ohne König und Kaiser sollte er sein, gleiches Recht für alle, Männer wie Frauen, und die Macht der Kirche endlich gebrochen.« Nun, niemand erwartet von einem Fürsten, dass er die Monarchie bekämpft oder von einem Bischof, dass er die Macht der Kirche bricht. »Gleiches Recht für alle, Männer wie Frauen« ist da schon ein sensibleres Thema. Aber auch hier ist klar, dass für dieses gleiche Recht in erster Linie Frauen kämpften, genauso wie gegen die Macht der Kirche mit all ihren restriktiven (z.B. Abtreibungs-)Verboten und sonstigen frauenfeindlichen Verlautbarungen. Von daher verwundert das nebenstehende Foto überhaupt nicht. Es war eine Zeit des Aufbruchs, für Frauen noch viel mehr als für Männer.

Nur die fehlenden tausend Worte der späteren Historiker dazu wundern. Einige von ihnen veröffentlichten ihre Werke bereits in den 50er und 60er Jahren des 20. Jahrhunderts; sie hätten noch die Chance gehabt, Aktivistinnen aus der Münchner Rätezeit aufzuspüren und zu interviewen. Aber es gab daran offenbar kein »Erkenntnisinteresse«.

Vor Augen immer nebenstehendes Foto, das mich so neugierig gemacht hatte, fand ich sie vor zwanzig Jahren schließlich doch, die fehlenden tausend Worte über die Frauen der Münchner Rätezeit: Geschrieben – wen wundert's? – von zwei Autorinnen, den heute wieder ziemlich bekannten Frauenrechtlerinnen Lida Gustava Heymann und Anita Augspurg, die in ihren Lebenserinnerungen *Erlebtes – Erschautes*[1] ein ausführliches, begeistertes Kapitel der Revolution widmeten. Mehr war 1988 an Literatur über das politische Engagement von Frauen im Bayern der Rätezeit 1918/19 nicht aufzuspüren.

Den frustrierenden Gängen in die Bibliotheken folgten also zunächst ebenso frustrierende Gänge in die Archive. Gewaltige Aktenberge mussten bewältigt werden. Es sind Polizeiakten sowie unzählige Dokumente der Arbeiter- und Soldatenräte, die größtenteils bei der Niederschlagung der Bayrischen Räterepublik in die Hände von Polizei und Freikorps fielen und – glücklicherweise – immer noch im Bayrischen Hauptstaatsarchiv und im Staatsarchiv München lagern. Manchmal wurde ich fündig bei der Suche nach Dokumenten von oder über Frauen, einiges habe ich mit Sicherheit übersehen. Glücklich war ich, als ich eines Tages zwischen all den vergilbten Papieren den Briefwechsel der Gabriele Kaetzler mit ihren Töchtern und Freundinnen fand, der im zweiten Teil dieses Bandes dokumentiert ist.

Vollständig waren die polizeilichen Unterlagen über die Rätezeit, die sich in den Archiven befinden, übrigens nie: Kurz vor der Niederschlagung der Räterepublik im Mai 1919 verbrannten die Räterepublikaner massenweise Polizeiakten auf dem Hof des ehemals Königlich Bayrischen Polizeipräsidiums; den vor den Toren Münchens stehenden Regierungstruppen und Freikorps sollte kein Belastungsmaterial in die Hände fallen. Dennoch endete dieses freiheitliche, im großen Ganzen gewaltlose Demokratie-Experiment, das von Frauen so begeistert mitgetragen wurde, in einem Blutbad. Die »Ordnungszelle Bayern« feierte erstmals brutale Urständ. Und ein gewisser Adolf Hitler verdiente sich damals seine ersten Sporen.

Der vorliegende Band ist eine gründlich überarbeitete und ergänzte Neuauflage der Fassung von 1989. Er erscheint zum 90. Jahrestag der Novemberrevolution in Bayern.

München, im Sommer 2008

Christiane Sternsdorf-Hauck

---

1 Lida Gustava Heymann und Anita Augspurg, *Erlebtes – Erschautes*, Deutsche Frauen kämpfen für Freiheit, Recht und Frieden, Meisenheim am Glan, (Reprint) 1972.

Teil I

Das politische Engagement von Frauen in der bayrischen Novemberrevolution und Räterepublik

Nun begann ein neues Leben! Zurückdenkend erscheinen die folgenden Monate wie ein schöner Traum, so unwahrscheinlich herrlich waren sie! Das schwer Lastende der Kriegsjahre war gewichen; beschwingt schritt man dahin, zukunftsfroh!

Lida Gustava Heymann

1. Vorgeschichte: Die Situation der Frauen im Ersten Weltkrieg und ihr Aufbegehren gegen Hunger und Krieg

Wie in den meisten modernen Kriegen wurden auch im Ersten Weltkrieg erwerbslose Frauen und Mädchen, Hausfrauen und Mütter an die »Arbeitsfront« geschickt. Das Verbot von Frauenarbeit im Bergbau wurde aufgehoben. Besonders sprunghaft war die Zunahme von Arbeiterinnen in der Rüstungsindustrie: Allein von Kriegsbeginn bis März 1916 wurden im Deutschen Reich hier zusätzlich 110 000 Frauen eingestellt. Das heißt natürlich nicht, dass sie dieselben Löhne erhielten wie die Männer, die vorher an ihren Maschinen und jetzt im »Feld der Ehre« standen. Die Arbeiterinnen sahen es schon als einen Erfolg an, dass die Frauenlöhne, die vor dem Krieg durchschnittlich 47 % der Männerlöhne ausmachten, bei Kriegsende auf 53 % gestiegen waren.

Zu der schweren Arbeit der Frauen, ihrer Sorge um Männer und Söhne an der »Front«, trat der Kampf gegen Hunger und Elend. Bereits im Frühjahr 1915 hatte sich der Kartoffelpreis nahezu verdoppelt, wurde das Brot rationiert. Ein Schlaglicht auf die Verelendung von Frauen während des Kriegs wirft folgende Zahl: 1918 starben 60 % mehr Mütter an Kindbettfieber als 1913.

Bei Kriegsende waren zwar Hunger und Elend noch längst nicht vorüber, dafür hatten die Mohrinnen in den Betrieben ihre Schuldigkeit getan und durften gehen. Allein in Bayern wurden 40 000 Rüstungsarbeiterinnen entlassen.

Aber das Selbstbewusstsein der Frauen, die in jeder Beziehung 1914-18 ihren »Mann« gestanden hatten, war gestiegen, ihr politisches Engagement längst erwacht. Bereits am 18. März 1915 hatte die erste Frauendemonstration vor dem Berliner Reichstag stattgefunden, viele sollten ihr folgen.

In Bayern tauchten Weihnachten 1915 in den Münchner Stadtteilen Au und Giesing anonyme Flugblätter auf:

> »Von Frauen an Frauen! Wir wollen nicht mehr länger zusehen, wie man unsere Männer und Söhne hinschlachtet. Wir wollen Frieden! Frieden für alle!«[2]

Eine, die mit vielen Kettenbriefen, öffentlichen Aufrufen und anderen Schriften vehement gegen den Krieg protestierte, war die Münch-

---

2 Zit. nach Karl Bosl, *Bayern im Umbruch*, München - Wien 1969, S. 356.

ner Lehrerin Marie Zehetmaier. Ihre Schriften werden verboten, sie wird aus dem Schuldienst entlassen, sie lässt sich trotzdem nicht einschüchtern. 1917 wird sie wegen »Kriegsvergehens« angeklagt, jedoch freigesprochen und für »unzurechnungsfähig« erklärt. Sie wird in die »Irrenanstalt« Eglfing eingewiesen.

Im August 1917 findet auf dem Münchner Marienplatz eine Frauendemonstration statt. Die Polizei ist hilflos, geniert sich wohl, die »Rädelsführerin« festzunehmen, weil sie ein Baby auf dem Arm trägt. Knapp ein Jahr später, am 17. und 18. Juni 1918 kommt es zu regelrechten Hungerrevolten: Frauen und Jugendliche werfen in ihrer Aufgebrachtheit die Fenster des Münchner Rathauses ein. Die mit Militär verstärkte Schutzmannschaft räumt den Marienplatz.

Auch in den Betrieben gärt es, bekannt sind vor allem die Januarstreiks 1918. In München streiken z.B. die Beschäftigten der Bayerischen Geschützwerke Friedrich Krupp AG in Freimann. Im Polizeibericht dazu heißt es:

> »Die Wortführer waren ... Leute aus Essen, dazu gesellten sich meist Frauen, die ebenfalls zum Streik aufforderten.«[3]

Ab dem 28. Januar 1918 streiken in Nürnberg 4000 vorwiegend weibliche Beschäftigte der Firma Bing, Arbeiterinnen und Arbeiter der Firmen MAN, SSW u. a. schließen sich an.

Alle diese Aktionen richteten sich gegen Hunger und Krieg. Die bekanntesten radikalen Pazifistinnen waren in Bayern Lida Gustava Heymann und Anita Augspurg. Sie waren die Begründerinnen des »Frauenausschusses für dauernden Frieden« und des »Bayrischen Vereins für Frauenstimmrecht«. Welche Sorgen sich die Militärs über diese Frauen machten, belegt eine von Freiherr von Kreß unterzeichnete geheime Mitteilung des Königlich Bayrischen Kriegsministeriums an verschiedene andere Ministerien vom 2. November 1915: In einem Überblick über pazifistische Richtungen in München wird u.a. die »Friedensvereinigung München« erwähnt, deren Leiter Prof. Ludwig Quidde war. Es wird festgestellt, dass hier Lida G. Heymann, Frau Dr. Hösch-Ernst und Stora Max Vorträge hielten.

> »Die Beteiligung des weiblichen Elements an der Friedensbewegung tritt hier bereits zutage. Auch die Zuhörerschaft bei den Vorträgen besteht fast zur Hälfte aus Damen...

3 Bayrisches Hauptstaatsarchiv, MF 56840.

Die Organisation des weiblichen Teils der Bevölkerung hat in dem letzten Jahrzehnt ganz außerordentliche Fortschritte gemacht und der Krieg hat nur dazu gedient, die Leiter dieser Bewegung zu gesteigerten Anstrengungen zu veranlassen.«[4]

Von den mehr staatsloyalen und gemäßigten Frauen werden in dem Geheimbericht jene unterschieden, die

»unter internationalem Einflusse ... stehen und sich unter dem Wahlspruch sammeln ›Krieg dem Kriege‹. Sie sehen in dem Weltkrieg den Beweis des ›Bankerottes der bisherigen Kultur des Mannes‹. An deren Stelle wollen sie setzen eine ›Kultur der Frau‹.«[5]

Diese Passage ist vor allem auf Lida G. Heymann, Anita Augspurg und ihren »Bayrischen Verein für Frauenstimmrecht« gemünzt. Als Konsequenz aus diesen Beobachtungen erhalten die Frauen Quidde, Selenka, Augspurg und Max ein Betätigungs- und Ausreiseverbot. Lida G. Heymann wird wiederum aus Bayern ausgewiesen. (Mancher bundesrepublikanische Landesfürst wird auch heute noch jenen Zeiten nachtrauern, in denen es so einfach war, sich unliebsamer – wohlgemerkt »deutscher« – Elemente zu entledigen...)

In ihrem Buch »Erlebtes – Erschautes« berichtet Lida G. Heymann anschaulich und humorvoll, wie es ihr und Anita Augspurg immer wieder gelang, diese Verbote zu durchbrechen und illegal in Bayern weiterzuarbeiten, obwohl sie überwacht wurden.[6]

In dieser Situation, nach Jahren des Kampfes vieler engagierter Frauen für Frieden und Frauenwahlrecht, findet also im Deutschen Reich und in Bayern die Novemberrevolution statt.

2. Kurzer historischer Überblick über die Ereignisse in München und Bayern zwischen November 1918 und Mai 1919

Es fällt schwer, die sich überstürzenden Ereignisse dieses halben Jahres, das – oft kreative – Chaos, das zeitweilig herrschte, auf wenigen Seiten zusammenzufassen. Zum besseren Verständnis der Situation sei es trotzdem versucht.

»Puppen werden zu Menschen, eingerostete Philister werden der Erschütterung fähig,«[7] sagt der Literat Gustav Landauer über die Re-

4 A.a.O.
5 A.a.O.
6 Vgl. Heymann, a.a.O. S. 137 f.
7 Zit. nach Hansjörg Viesel, *Literaten an der Wand*, Frankfurt am Main 1980, S. 17.

13

volution, die am 7. November 1918 über München »hereinbricht«, zwei Tage früher als in Berlin. Nach einer von SPD und USPD, der linken Abspaltung der SPD, gemeinsam veranstalteten Kundgebung auf der Theresienwiese fordert ein von der USPD formierter Demonstrationszug mit Kurt Eisner an der Spitze Soldaten und Arbeiter auf, sich anzuschließen und Bayern eine neue politische Ordnung zu geben. König Ludwig III. wird abgesetzt, Bayern zum Freistaat erklärt.

Am 8. November konstituiert sich ein »Provisorischer Nationalrat«, bestehend aus Arbeiter-, Soldaten- und Bauernräten und den Mitgliedern der sozialdemokratischen, demokratischen und bauernbündlerischen Fraktion des alten Landtags. Kurt Eisner wird Ministerpräsident. Das allgemeine Wahlrecht für Frauen wird proklamiert, die geistliche Schulaufsicht abgeschafft. Die Gegner dieser neuen politischen Ideen setzen durch, dass am 12. Januar 1919 Wahlen zum bayrischen Landtag stattfinden, bei denen erstmals auch Frauen wählen dürfen. Eisners USPD erhält nur 3 von 180 Mandaten.

Den Mitgliedern von USPD und der neu gegründeten KPD, den Anarchisten, den Arbeiter-, Soldaten- und Bauernräten war klar, dass dieses neue Parlament den basisdemokratischen Räten den Garaus machen würde. Sie organisierten am 16. Februar 1919 eine gewaltige Kundgebung. Angesichts der unklaren Situation hatte der Landtag nach den Wahlen wochenlang gezögert, zusammenzutreten, die erste Sitzung setzt er schließlich für den 21. Februar 1919 an. An diesem Tag wird Kurt Eisner von dem Grafen Arco-Valley auf offener Straße erschossen. Die Empörung im Volk über diesen Mord ist grenzenlos; Kurt Eisner wird von einem Demonstrationszug, wie ihn München noch nie gesehen hat, zu Grabe getragen.

Der Landtag setzt sich selbst außer Kraft, viele Abgeordnete flüchten aus München. Der Kongress der Arbeiter-, Bauern- und Soldatenräte tagt vom 25. Februar bis 8. März 1919 in München. In turbulenten Sitzungen behauptet sich immer wieder die SPD-Mehrheit, die einen Kompromiss zwischen Rätesystem und bürgerlichem Parlamentarismus anstrebt. Am 17. März 1919 wählt der Landtag Johannes Hoffmann (SPD) zum Ministerpräsidenten, der sich mit seiner Regierung nach Bamberg zurückzieht.

Die Tatenlosigkeit der neuen Regierung schafft selbst bei SPD-Mitgliedern Verwirrung. Führer von SPD, USPD und die Anarchisten verhandeln miteinander und rufen gemeinsam mit den Mitgliedern des Zentralrates der Arbeiter-, Soldaten- und Bauernräte am 7. April die

»Räterepublik Baiern« aus. Die Kommunisten unter Führung von Max Levien und Eugen Leviné widersetzen sich mit der Begründung, die Massen stünden nicht dahinter.

In einem von dem Dichter Ernst Toller unterzeichneten Flugblatt des Zentralrates heißt es:

> »Was ist der Unterschied zwischen den Räten und dem Landtag? Die Volksvertreter, welche ehemals von euch in den Landtag gewählt wurden, waren von Parteien und Parteivereinen aufgestellt. Die Partei, welche das meiste Geld hatte, konnte die meiste Reklame machen und gewann den Kampf... Jetzt aber will das Volk nicht mehr von Männern, welche die Geldherrschaft aufrechterhalten wollen, regiert werden. ... Das werktätige Volk will selbst durch seine Räte Ordnung schaffen. Alle Kreise des schaffenden Volkes, Bauern, Arbeiter, Handwerker, Kleinbeamte wählen aus ihren Kreisen heraus die tüchtigsten Männer als ihre Vertreter in das Landtagsgebäude... Deswegen seid einig in der Räterepublik Baiern!«[8]

Von »tüchtigen« Frauen ist hier nicht die Rede – doch dazu später.

Die Gegner des Rätesystems bleiben derweil nicht untätig. Am 13. April 1919, Palmsonntag, besetzt die Republikanische Schutzwehr die öffentlichen Gebäude Münchens, verhaftet Revolutionäre wie den Dichter und Anarchisten Erich Mühsam, überfällt eine Versammlung der KPD. Der Gesamtausschuss der Münchner SPD stellt sich hinter die Schutzwehr. Die KPD sieht die Zeit dafür reif, ihrerseits die Räterepublik auszurufen.

Vom 14. bis 22. April findet ein Generalstreik statt. Unter der Führung des neuen Stadtkommandanten Eglhofer (KPD) wird eine »Rote Armee« aufgestellt, da die militärische Intervention der SPD-Regierung unter Hoffmann zu befürchten ist. Viele bayrische Soldaten, kriegsmüde und /oder mit den Räten sympathisierend, verweigern sich ihm jedoch, so dass Hoffmann Freikorpstruppen aufstellen muss und in Berlin erfolgreich um »Reichshilfe« bitte, um endgültig die Räterepublik zu zerschlagen. Ab Mitte April beginnt die Einkesselung Münchens. Dachau wird zunächst von der Roten Armee zurückerobert. Am 30. April – die Freikorpstruppen stehen bereits in den Vororten Münchens – werden sieben seit einiger Zeit verhaftete Mitglieder der völkisch-rassistischen »Thule-Gesellschaft« erschossen – vermutlich die einzigen Todesopfer der ansonsten gewaltlosen bayrischen Revolution. In der Literatur wird hier fälschlicherweise oft von »Geiselmord« gesprochen. Einer ihrer Anführer schrieb später:

8 Zit. nach Viesel, a.a.O., S. 78.

»Es braucht nun nicht mehr verhehlt zu werden, dass jene sieben Thule-Leute nicht als Geiseln starben (…). Sie starben für das Hakenkreuz.« (Rudolf von Sebottendorff, *Bevor Hitler kam*, München 1933, Widmung)

Nach heftigen Kämpfen fällt München am 2. Mai 1919 endgültig in die Hände der Weißen Garden.

Landauer und Eglhofer werden erst halbtot geschlagen, dann erschossen. Das Standrecht wird verhängt, um die 1 000 Tote sind zu beklagen. Leviné wird zum Tode verurteilt und erschossen, Mühsam erhält 15 Jahre Festungshaft, Toller 5 Jahre. In der Folgezeit werden über 5 000 Menschen wegen ihrer Beteiligung an der Räterepublik vor Gericht gestellt.

Ein freiheitliches Experiment war blutig niedergeschlagen worden, blutiger als sonst wo im Deutschen Reich.

3. Waren Frauen »besonders revolutionär«?

Dafür, dass sich Frauen ganz besonders bei den revolutionären Ereignissen engagierten, sprechen nicht nur Fotos; es gibt auch andere Hinweise:

Toni Sender (USPD) beginnt ihre Rede auf der Leipziger Frauenkonferenz am 29. November 1919 mit folgenden Worten:

»Genossinnen und Genossen! Es kann wohl kaum einem Zweifel unterworfen werden, dass die Umwälzung des 9. November eine starke Revolutionierung speziell der Frauen im Gefolge hatte.«[9]

Wie bereits erwähnt, streikten und demonstrierten während des Kriegs Tausende von Frauen, so dass dem bayrischen Kriegsministerium angst und bange wurde. Sollten diese Frauen, die zu solchen Aktionen den Mut aufbrachten – es herrschte Kriegrecht! – wenige Wochen und Monate später wieder zu unpolitischen Heimchen am Herd mutiert sein? Der Schriftsteller Oskar Maria Graf beschreibt die Atmosphäre während des Kriegs im Gasthof »Goldener Anker«:

»In dieser kleinen Gastwirtschaft begann buchstäblich die Bayrische Revolution… Was saß denn da neben dem grauhaarigen, bebrillten, immer belebten, immer geistreichen Kurt Eisner? Vier oder fünf ganz Getreue, rundherum etliche oppositionelle SPD-Proleten, USPDler, Intellektuelle und vor allem kriegsmüde Proletarierinnen, Frauen mit ausgelaugten Gesichtern, zerarbeiteten Händen und entschlossenen

9 Toni Sender, *Autobiographie*, Frankfurt am Main 1981, S. 289.

Augen. Sie waren eigentlich die Nüchternsten, die Mutigsten. Sie arbeiteten in den Granatfabriken, waren Straßenbahnschaffnerinnen, schufteten sonst wo und erzählten von ihren Nöten, von den Schwierigkeiten der Agitation unter ihren Kolleginnen, und sie machten Vorschläge.«[10]

Noch Jahrzehnte später jubelt Lida G. Heymann über die Tage und Wochen nach der Revolution.

»Endlich konnten Frauen aus dem Vollen schaffen... Im gegenseitigen Austausch der Ideen ... nahmen ferne Utopien lebendige Gestalt an.«[11]

Dieser Sehnsucht nach einer neuen Gesellschaft, diesem begeisterten Kämpfen für eine friedliche, humane Zukunft, in der politische und soziale Gerechtigkeit herrschen, werden wir im Folgenden noch öfter begegnen. In der »männlichen« Literatur findet man solchen enthusiastischen Griff nach Utopien weniger.

4. Engagement von Frauen in Wort und Tat

4.1 Jubel über die Revolution

Die wenigen erhaltenen schriftlichen Zeugnisse von Frauen über die Ereignisse auf der Theresienwiese und die Novemberrevolution in München prägt vor allem eines: Jubel und Begeisterung. Eine neue Gesellschaft, in der Freiheit und Gleichheit herrschten, auch für Frauen, schien zum Greifen nahe. Gustav Landauers Beobachtung, dass aus Puppen Menschen werden, gerät zu einem philosophischen Understatement angesichts dieser Begeisterung von Frauen. Aus Lida G. Heymanns und Anita Augspurgs Autobiografie »Erlebtes – Erschautes«:

»Nun begann ein neues Leben! Zurückdenkend erscheinen die folgenden Monate wie ein schöner Traum, so unwahrscheinlich herrlich waren sie! Das schwer Lastende der Kriegsjahre war gewichen; beschwingt schritt man dahin, zukunftsfroh! Der Tag verlor seine Zeiten, die Stunde der Mahlzeiten wurde vergessen, die Nacht wurde zum Tage, man brauchte keinen Schlaf; nur eine lebendige Flamme brannte: Sich helfend beim Aufbau einer besseren Gemeinschaft zu betätigen... Das waren Winterwochen voller Arbeit, Hoffen und Glück ... Anita Augspurg schien zu jener Zeit 20 Jahre verjüngt.«[12]

---

10 Zit. nach Gerhard Schmolze, *Revolution und Räterepublik in München 1918/19* in Augenzeugenberichten, Düsseldorf 1969, S. 40.

11 Heymann, a.a.O., S. 114.

12 A.a.O., S. 164 ff.

Zenzl Mühsam in einem Brief vom 25. November 1918 :

»München hat die Revolution in den Fluß gebracht. Nexö, es war herrlich, oh, das hätten Sie erleben sollen! ... Die ganze Theresienwiese war voll Menschen, mindestens 200 000 ... [An der Türkenkaserne] war ein Lastauto mit Soldaten, die die Kaserne stürmen wollten... ich sprang auf das Verdeck des Autos, nahm die rote Fahne und schrie ›Hoch der Friede und die Revolution‹ ... und dann zogen wir Mühsam rauf, der eine wundervolle Rede an die Soldaten richtete, da stürmten die Soldaten aus der Kaserne, zerschlugen ihre Gewehre auf dem Pflaster ...«[13]

Und die 18-jährige Hilde Kramer berichtet voller Enthusiasmus:

»Ich war in der Revolutionsnacht am 7. November fast dauernd auf der Straße... Als ich das ›Es lebe die Republik! Es lebe die Revolution!‹ hörte, da hatte ich gleich das Gefühl: Diese Menschen sind fähig, wirklich die Revolution zu machen ... Gesprungen und gejubelt haben wir, und in die Arme sind wir uns gefallen in jener Nacht.« (vollständiger Brief s.S. 81f.)

Es ist jedoch nicht nur allgemeine Begeisterung, die viele Frauen zur Feder greifen lässt. Selbstbewusst und vertrauensvoll, manchmal auch rührend naiv, wenden sich einige auch mit Beschwerden an die Organe der Rätebewegung. Das ergibt sich zum Beispiel aus einem Brief, den der Münchner Vollzugsrat der Arbeiter- und Betriebsräte schrieb:

»12. März 19
Herrn Johann Pirzer, Bahnwärter, Rubing
Unterzeichneter Vollzugsrat nimmt Kenntnis von den mündlichen Aussagen Ihrer Frau. Wir möchten Ihnen raten, sie im Interesse Ihrerseits in Zukunft menschlicher behandeln zu wollen. Auch ist Ihre Frau durch Sie von ihrem Posten als Schrankenwärterin entlassen worden, was nicht als schöne Tugend zu bezeichnen ist. Ferner wird sie sehr knapp im Haushaltsgeld gehalten, sie hat überhaupt keins in Händen, was gesetzlich nicht zulässig ist.«[14]

In einem vom 26. April 1919 datierten Brief des Vollzugsrates heißt es:

»An den Kommunalverband Starnberg
Eine Deputation von Frauen aus Gauting teilt uns mit, dass die Gemeinden, soweit nicht Selbstversorger, vollständig ohne Brot sind und dass eine Streckung der bisherigen Brotration Ihrerseits auf 4 bis 5 Wochen vorgenommen wurde. Diese Maßnahme muß zurückgenommen werden.«[15]

---

13 Zenzl Mühsam, *Eine Auswahl aus ihren Briefen*, Schriften der Erich-Mühsam-Gesellschaft, Heft 9, Hrsg. Chris Hirte und Uschi Otten, Lübeck 1995.
14 Bayrisches Hauptstaatsarchiv, Arbeiter-und-Soldaten-Rat, Akte 31.
15 A.a.O., Akte 32.

4.2 Der Bund sozialistischer Frauen und andere Frauenvereinigungen

Wenige Tage nach der Revolution, am 19. November 1918, fand eine Frauenversammlung statt. Sie wurde in der *Münchner Post* vom 19. November angekündigt:

>»Die Frauenrechtlerin Lida Gustava Heymann, die seit Frühjahr 1916 wegen ihrer pazifistischen Tätigkeit durch das verflossene k. b. Kriegsministerium gezwungen war, ihren Aufenthalt außerhalb Bayerns zu nehmen, kehrt nach München zurück und wird am Dienstag, den 19. November abends 8 Uhr in einer großen öffentlichen Versammlung im Wagnersaal, Sonnenstraße, über ›Die Frau im neuen Staat‹ sprechen. Die Versammlung ist einberufen vom Bayrischen Verein für Frauenstimmrecht, vom Deutschen Frauenausschuß für dauernden Frieden, vom Gewerkschaftsverein München und von der Frauenagitationskommission des Sozialdemokratischen Verbandes.«

Einen Tag später berichtete die *Münchner Post* über diese Versammlung: Lida G. Heymann

>»nahm eingangs zu den großen politischen Wandlungen Stellung und forderte dazu auf, den neuen Staat mit aller Kraft zu stützen. Der neue Volksstaat brachte den Frauen die politische Gleichberechtigung. Aber schon sind Kräfte am Werk, diese Rechte wieder zu beschneiden. Deshalb ist die sofortige Gründung eines Frauenrates geboten. Ihm obliegt es, die politisch noch unorientierten Frauen zu unterrichten, dafür zu sorgen, daß den Frauen alle Berufe, auch der Richterberuf, eröffnet werden und daß in Staat und Verwaltung an verantwortungsvolle Stellen Frauen treten können. Der Frauenrat muß weiter veranlassen, daß auf die Wahllisten aller Parteien zur konstituierenden Nationalversammlung Frauen in genügender Zahl und an ausschlaggebende Stelle gesetzt werden.«

Hedwig Kämpfer, Mitglied der USPD und des Provisorischen Nationalrates, forderte auf dieser Versammlung eine frauenrechtlerische Schulung der proletarischen Frauen, besonders innerhalb der sozialistischen Parteien und der Gewerkschaften.

Außerdem wurde auf dieser Versammlung der Grundstein gelegt für den »Bund sozialistischer Frauen«, der im Dezember 1918 gegründet wurde. Die erste große Versammlung fand am 16. Dezember 1918 im Deutschen Theater statt. Sophie Steinhaus referierte über »Liberalismus und Sozialismus«. In der von Toni Pfülf und Netti G. Katzenstein unterzeichneten Einladung heißt es:

»Wir bitten Sie herzlich, zu uns zu kommen und alle Frauen mitzubringen, die entweder schon auf dem Boden des Sozialismus stehen oder dieser Richtung zuneigen.«[16]

Der Bund setzte sich zum Ziel, feministisch engagierte und linksgerichtete Frauen unabhängig von ihrer Parteizugehörigkeit zusammenzuführen. Im ersten Heft der ab Januar 1919 von Lida G. Heymann und Anita Augspurg herausgegebenen Zeitschrift *Die Frau im Staat* heißt es dazu:

>»Es ist das die erste sozialistische Frauenorganisation, die selbständig, unabhängig von den sozialistischen Männerparteien und Fraktionen ist. Der Bund hat keine Satzungen, kein Programm. Wer auf sozialistischem Boden steht – auch dann, wenn er keiner sozialdemokratischen Männerpartei angehört – und mitarbeiten will, kann die Mitgliedschaft erwerben.«

Dieses breite Bündnis scheint jedoch nicht ganz erreicht worden zu sein. Obwohl im Arbeitsausschuss des Bundes auch Vertreterinnen der SPD wie Toni Pfülf saßen, standen die meisten Mitglieder doch der USPD nahe. Der Versuch, Vertreterinnen der katholischen Frauenbewegung zu gewinnen, schlug ebenfalls fehl.

Zu den Mitgliedern des Bundes gehörten u. a.:

* Lida Gustava Heymann (1868-1943), schon während des 19. Jahrhunderts frauenrechtlerisch tätig; gründet 1902 zusammen mit Anita Augspurg (1857-1943) den »Verein für Frauenstimmrecht«; beide leiten während des Krieges den (illegalen) »Nationalen Frauenausschuß für dauernden Frieden« in der Münchner Kaulbachstraße 12; Mitinitiatorinnen des Bundes.

* Mathilde Baumeister, seit Mai 1919 Mitglied der USPD; Beisitzerin im Revolutionstribunal, tätig in der Frauenhilfe für die politische Gefangenen im Rosentalschulhaus; wird nach Zerschlagung der Räterepublik wegen Beihilfe zum Hochverrat zu 1 Jahr 3 Monaten Gefängnis verurteilt.

* Rosa Aschenbrenner (1885-1967), USPD, Beisitzerin im Revolutionstribunal; nach Niederschlagung der Räterepublik 1919 Mitbegründerin der »Frauenhilfe für politische Gefangene«.[17]

* Nelly Auerbach, mit Ernst Toller seit 1917 aus Heidelberger Studententagen befreundet; promoviert während der Rätezeit in Nationalökonomie.

16 Bayrisches Hauptstaatsarchiv, Arbeiter-und-Soldaten-Rat, Akte 2.
17 Näheres zu Rosa Aschenbrenner in: Günther Gerstenberg, *Rosa Aschenbrenner – ein Leben für die Politik*, München 1998.

• Sophie Steinhaus, USPD, Delegierte auf dem Rätekongress; Archivarin der Presseabteilung des Vollzugsrates.

• Thekla Egl, USPD, als Delegierte des »Bundes sozialistischer Frauen« auf dem Rätekongress; bei den Kämpfen um Dachau als Krankenschwester und Kurierin tätig; nach Zerschlagung der Räterepublik zu 1 Jahr und 3 Monaten Gefängnis verurteilt. (Vgl. S. 41f.)

• Marie Bertels, aus dem Freundeskreis von Toller und Thekla Egl; nach der Zerschlagung der Räterepublik verhaftet.

• Antonie (Toni) Pfülf (1877-1933), SPD, Lehrerin; 1920-1933 Mitglied des Deutschen Reichstags, hier vor allem Frauenforderungen vertretend; 1933 Freitod aus Enttäuschung über den mangelnden Widerstand ihrer Partei gegenüber dem Nationalsozialismus.

• Hedwig Kämpfer, USPD, Mitglied im Provisorischen Nationalrat; Delegierte auf dem Rätekongress; Richterin im Revolutionstribunal.

• Nanette (Netty) Katzenstein; im Polizeibericht heißt es über sie:

>»Nach vertraulicher Mitteilung hat während der Räteherrschaft in München eine Frau Katzenstein geb. Gerstle am Stachus und Karlsplatz wiederholt aufreizende und kommunistische Reden an dort versammelte Personen gehalten.«[18]

Ernst Toller, der sie »Tessa« nennt, schreibt viele Briefe an sie aus dem Gefängnis. 1922 promoviert sie über das Vorparlament von 1848.

• Elma Klingelhöfer, USPD; hält Vorträge z. B. in der »Gemeinschaft sozialistischer Arbeiterinnen«; Frau des Zentralrat-Mitglieds Gustav Klingelhöfer; ihr Rechtsanwalt beschwert sich über ihre Einschätzung durch die Justiz:

>»Die militärischen Vorakten machen aus der Angeschuldigten Elma Klingelhöfer ein höchst gemeingefährliches Wesen und wissen von ihr zu erzählen, die Angeschuldigte spiele die Rolle einer Rosa Luxemburg in Bayern, sie übe bei hervorragender Begabung einen dämonischen Einfluß auf ihre Umgebung aus.«[19]

• Constance Hallgarten; sie selbst schreibt später in ihren Erinnerungen:

>»…ich stand auf Seiten der revolutionären Geschehnisse, die mir die einzig logische Folge des beendeten Krieges mit all seiner Korruption zu sein schienen… Ich besuchte viele Versammlungen und schloß mich ganz an den Kreis meiner pazifistischen Freundinnen an. Damals las ich die kleine Schrift des Sozialisten Gustav Landauer ›Aufruf zum Sozialismus‹ … So trat ich dem ›Bund sozialistischer Frauen‹ bei…«[20]

18 Zit. nach Viesel, a.a.O., S. 617.
19 Staatsarchiv München, Stanw. 2077.
20 Constance Hallgarten, *Als Pazifistin in Deutschland*, Stuttgart 1956, S. 35f.

Wie viele Mitglieder der Bund hatte, wissen wir nicht. Jedenfalls beanspruchte er für seine Sitzungen große Säle wie die des Deutschen Theaters.

Die Arbeit des »Bundes sozialistischer Frauen« konzentrierte sich auf die Öffentlichkeitsarbeit, auf politische Aufklärung und pazifistische Agitation. In einer (von Elma Klingelhöfer ? verfassten) Rede heißt es:

> »Da das Wahlrecht den Frauen so lange vorenthalten war, haben sie sich wenig um die Politik gekümmert. Von vielen wurden sie belächelt, wenn sie es taten. ›Kinder, Kirche, Küche, Kranke‹, die bekannten vier K's, die sollten nach Wilhelm des II. Ausspruch das Wirkungsgebiet der Frau umfassen. Jetzt stehen wir plötzlich mit unseren staatsbürgerlichen Rechten da, wir sollen jetzt handeln. Politisches Wissen ist Gewissenspflicht geworden… Wir Frauen müssen uns Zeit nehmen für den Versammlungsbesuch, für das Lesen politischer Literatur. Und, haben wir uns zur politischen Anschauung durchgerungen, so müssen wir in die politische Organisation eintreten, wenn das parteipolitische Getriebe und seine Kampfmethoden uns auch noch so sehr abstoßen mögen. Die Frau ist unentbehrlich in der Partei, um die Parteien mit dem Geist der Frau, der Eigenart der Frau zu durchdringen… Wir haben in München einen ›Bund sozialistischer Frauen‹ gegründet, der sich die politische Aufklärung und Schulung der Frauen zur Aufgabe gemacht hat … Es werden Referate bei uns gehalten mit anschließender Aussprache, Lektüre verteilt, so dass jeder seine politische Meinung bilden kann. Der Bund will der Weltanschauung des Sozialismus zum Siege verhelfen, die Herzen gewinnen.«[21]

Es sind uns zwei Plakate des Bundes sozialistischer Frauen erhalten geblieben. Das eine wendet sich gegen die Versuche der Regierung Hoffmann, München von der Lebensmittelzufuhr abzuschneiden. Das zweite, nebenstehend abgedruckte Plakat, ruft zur Gewaltfreiheit auf, wahrscheinlich angesichts der bevorstehenden Kämpfe um München Ende April 1919.[22]

Der »Bund sozialistischer Frauen« arbeitete eng mit dem »Verein für Frauenstimmrecht« und dem »Frauenausschuß für den dauernden Frieden« zusammen, die beide weiter bestanden. Auch diese Vereinigungen konzentrierten sich auf die Öffentlichkeitsarbeit, mieteten dazu extra einen Laden in der Türkenstraße an. Lida G. Heymann schreibt darüber:

> »Auskunft über Frauenfragen wurde dort erteilt, Literatur verbreitet, Flugblätter ausgehängt und zu Hunderttausenden ins Land geschickt.«[23]

21 Staatsarchiv München, Stanw. 2077.
22 Bayrisches Hauptstaatsarchiv, Abt. V, Plakatsammlung.
23 Heymann, a.a.O., S. 165.

Frauen u. Mütter!

Wir hassen den Krieg, mehr noch den Bruderkrieg! Wir dulden nicht, dass Proletarier auf Proletarier schiessen. Wir wollen, dass das Neue sich ohne Blutvergiessen verwirklicht. Wir glauben an die Kraft des sozialistisch-kommunistischen Gedankens. Gedanken siegen ohne Blut. Wir wollen jede für sich und alle zusammen diesem Morden ein Ende machen.

Proletarierbrüder! Hört uns!
Handelt als Menschen einer neuen Gesellschaft!

Bund sozialistischer Frauen.

Auch der »Frauenausschuß für den dauernden Frieden« tagte am 19. Januar 1919 im Deutschen Theater, wo seine Vorsitzende Lida G. Heymann sich in ihrer Ansprache energisch für Kurt Eisner – gut einen Monat vor dessen Ermordung – einsetzte. Helene Stöcker, bekannte Frauenrechtlerin und Mitautorin in Heymann/Augspurgs Zeitschrift *Die Frau im Staat* hielt eine Rede über »Frauen, Friede, Freiheit«[24], die leider nicht überliefert ist.

24 *Münchner Post*, 25. Februar 1919.

Allen drei Frauenvereinigungen (die ja auch über Lida G. Heymann und Anita Augspurg in Personalunion miteinander verbunden waren) war gemeinsam, dass sie sich besonders für neue, freie Erziehungsmethoden und ein entsprechendes Schulsystem einsetzten. Lida G. Heymann arbeitete zusammen mit Pädagogen in einer Erziehungskommission, in der, wie sie schreibt,

»ferne Utopien lebendige Gestalt an(nahmen). Weit vorausschauend sahen wir die Menschen, die aus diesen Schulen hervorgehen würden, einen neuen vernunftgemäßen Staat aufbauen, in dem es sich für alle lohnte zu leben.«[25]

Der »Bund sozialistischer Frauen« berief für den 4. Dezember 1918 eine Versammlung ein, auf der eine Frau Streck über die »Gesellschaft für neue Erziehung« referierte.[26]

4.3 Frauen übernehmen Verantwortung

Das Referat für Frauenrecht

Auf Veranlassung von Kurt Eisner wurde dem Ministerium für soziale Fürsorge (später Arbeitsministerium) ein Referat für Frauenrecht angegliedert, das Mitte Februar 1919 seine Arbeit im Wittelsbacher Palais in der Briennerstraße aufnahm. Es leitete die Gründung von Frauengewerkschaften ein, leistete Pressearbeit und beschäftigte sich vor allem mit den Massenentlassungen von Frauen nach dem Krieg. Lida G. Heymann schreibt:

»Da galt es wenigstens, den schreiendsten Ungerechtigkeiten zu begegnen. Erstaunlich, fast unbegreiflich war es, mit welcher Lammesgeduld viele der Frauen, die z. B. bei der Tram, Post und Eisenbahn sowie im Handel und in den Fabriken innegehabten Posten ohne Widerstand den Männern räumten… und dann selbst ohne jeden Verdienst dastanden. Das war nur möglich gemäß der Überlieferung, dass man Soldaten – Menschenschlächter – eo ipso als Helden betrachtete, denen das Vaterland und die Frauen zu Dank verpflichtet seien… Die Frauen begehrten erst energisch auf, als die Männer sich erdreisteten, in für Bayern typische und ausschließliche Frauenberufe wie Kellnerinnen und Straßenreinigerinnen einzudringen… Da gab es energischen Widerstand; da fanden z. B. die Kellnerinnen nach erledigtem Tages- und Abendwerk noch Kraft, auf Nachtversammlungen, die bis in die frühen Morgen dauerten, mit voller Energie ihre Rechte zu reklamieren.«[27]

25 Heymann, a.a.O., S. 165.
26 *Neue Zeitung,* 2. Dezember 1918.
27 Heymann, a.a.O., S. 173 f.

24

Auf Vorschlag des Kreises um Lida G. Heymann und Anita Augspurg wurde mit der Leitung des Referats die frauenrechtlerisch engagierte, parteilose Gertrud Baer betraut.

Sie hatte einen schweren Stand, nicht nur, weil sie eine Frau war. Ihr Chef, Minister Unterleitner, war laut Lida G. Heymann ein Mann, dem es an »Wagemut, Weit- und Übersicht«[28] mangelte. Das politische und wirtschaftliche Chaos jener Wochen – bereits Anfang April 1919 wurde das Frauenreferat wieder aufgelöst – erschwerte eine konstruktive, kontinuierliche Arbeit. Und schließlich war die Parteilosigkeit Gertrud Baers ihren Mitarbeitern ein Dorn im Auge.

> »Die sozialistischen Parteien wünschten das Frauenreferat mit einer gehorsamen Parteifrau besetzt zu sehen, der Parteidisziplin, nicht Frauenforderungen an erster Stelle stand. Sie machten Schwierigkeiten aller Art...«[29]

Gertrud Pinkus hat Gertrud Baer als 88-jährige Frau interviewt. Sie erzählte über ihre Arbeit:

> »...ich hatte nicht viel Zeit, es war ja alles so kurz. Ich wollte das Referat vor allem zur Gründung von Frauengewerkschaften ausnutzen. Die bestehenden Männergewerkschaften hatten nichts für Frauen übrig, ja, sie haben sie teilweise gar nicht aufgenommen... Und wir kämpften um das Recht der Frauen zu arbeiten. Um den gleichen Lohn; die Löhne von Frauen waren nicht zu vergleichen mit denen der Männer. Und die Männergewerkschaften haben ja die Forderungen der Frauen nicht aufgenommen...«[30]

Von der konkreten Arbeit des Referates ist kaum etwas überliefert. Es existiert jedoch folgender an den »provisorischen revolutionären Arbeiterrat« gerichteter Brief vom 11. April 1919:

> »... Unterzeichnete erlaubt sich beim provisorischen revolutionären Zentralrat zu der Verfügung betreffend: Revolutionstribunal, folgenden Zusatz zu beantragen: ›In allen Fällen, in denen Vergehen von Frauen oder gegen diese zur Aburteilung gelangen sollen, sind die gleiche Anzahl weiblicher wie männlicher Richter zum Revolutionstribunal zuzuziehen.‹ Die Referentin.
>
> Gertrud Baer«[31]

---

28 A.a.O., S. 173.
29 A.a.O., S. 173.
30 Getrud Pinkus, »Gertrud Baer. Frauenbewegung bis 1920«, in: *Frauenjournal-Offensive*, Nr. 10, 1977/78.
31 Bayrisches Hauptstaatsarchiv, Arbeiter-und-Soldaten-Rat, Akte 2.

Das Revolutionstribunal und andere Einrichtungen

Lida G. Heymann schreibt:

> »Vereinigt mit Gertrud Baer, Hedwig Kämpfer... forderten wir mit Erfolg, dass bei allen Einrichtungen Frauen mit an leitende Stellen kamen ...«[32]

Lida G. Heymann schreibt zwar »mit Erfolg« – Dokumente, aus denen hervorgeht, dass Frauen in den Revolutionsgremien tatsächlich nicht nur untergeordnet tätig waren, gibt es aber kaum.

Konkret zu eruieren war folgendes: Ende April 1919 waren drei Frauen in der »Kommission zur Bekämpfung der Gegenrevolution« tätig: Die »Genossin Remolt«, die »Genossin Toni Gernsheimer« und die »Genossin Eisner«.[33]

In die Wirtschaftskommission der Räterepublik wurden ebenfalls Frauen aufgenommen: »Fräulein Erlewein« und »Frau Mayer«. Fräulein Erlewein hatte während des Krieges Vorträge für Frauen gehalten, u. a. über die »Behandlung der Papierwäsche«.[34]

Auf der Sitzung der Wirtschaftskommission am 23. April 1919 beschwerte sie sich, dass männliche Arbeiter bei der Lebensmittelzuteilung bevorzugt wurden:

> »Ich habe eine Verteilungsstelle für Trockenmilch, und was da für Gestalten zu uns kommen, das ist ein Elend. Ich habe mich empört über den Anschlag, der gemacht wurde, diese ›ganze Erfassung der Privatgüter kommt unseren schwangeren Müttern, Greisen, Kindern zugute‹. Nicht ein Gramm ist an diese Familien gekommen... Der Arbeiter soll seinen Teil haben, aber schauen Sie sich auch das andere werktätige Volk an. Es kommt eine Aufregung unter dieses werktätige Volk. Es kommen die Frauen zusammen, sie kommen zu mir und klagen mir.«[35]

In einer Kommission zur Untersuchung der Zustände in Gefängnissen und Fürsorgeanstalten arbeiteten u.a. Anita Augspurg und Lida G. Heymann. Sie hatten auch die Bildung dieser Kommission initiiert.

Frida Rubiner, Mitglied der KPD und deren Berichterstatterin, arbeitete während der 2. Räterepublik im Propagandaausschuss der Verkehrskommission. Sie hielt als »Genossin Friedjung« am 29. April 1919 einen Vortrag über »Bolschewismus und Demokratie«[36] und wurde

---

32 Heymann, a.a.O., S. 174.
33 Bayrisches Hauptstaatsarchiv, Arbeiter-und-Soldaten-Rat, Akte 2.
34 Staatsarchiv München, Stanw. 2077.
35 Bayrisches Hauptstaatsarchiv, Arbeiter-und-Soldaten-Rat, Akte 2.
36 Zit. nach Viesel, a.a.O., S. 791.

nach Zerschlagung der Räterepublik zu einem Jahr und neun Monaten Gefängnis verurteilt.

Die Ärztin Hildegard Menzi (vgl. S. 47) war Mitglied der Gesundheitskommission des Vollzugsrates.

Ferner befindet sich in den Akten des Arbeiter- und Soldatenrates ein unvollständiges, stichpunktartiges Redemanuskript. Es heißt dort:

>»Die Frau muß ebenso leben können wie der Mann, auch die erwerbslose Frau. Wohnungsschwierigkeiten für die Frauen größer – Zimmer für die Frau immer teurer als für den Mann. Bekleidung schwieriger, Kleidung ist von geringerer Dauerhaftigkeit als die des Mannes und infolgedessen teurer als die des Mannes… Ich bitte Sie, mit mir einzutreten dafür, dass die Frau die gleiche Höhe der Erwerbslosenunterstützung bekommen muß wie der Mann. Und ich bitte diejenigen, die dafür sind, dass diese Unterstützung beantragt wird, beim Ministerium, die Hand zu erheben.«[37]

Leider wissen wir nicht, von wem der Text stammt (Gertrud Baer? Elma Klingelhöfer?). Zumindest geht daraus hervor, dass wahrscheinlich auch hier eine Frau antragsberechtigt in einem Ausschuss saß.

Am stärksten waren Frauen wohl im Revolutionstribunal vertreten. In der *Münchner Post* vom 10. April 1919 befindet sich folgende Bekanntmachung:

>»Das Revolutionstribunal besteht aus 28 Richtern, die in Permanenz (Tag und Nacht) tagen, in einer Körperschaft von je 7 Mitgliedern, unter denen sich eine Frau befindet…
>
>Der provisorische revolutionäre Zentralrat
>gez. Toller«

Diese »eine Frau« war Hedwig Kämpfer, USPD, Mitglied im provisorischen Nationalrat und Delegierte auf dem Rätekongress. Sie und ihr Mann waren befreundet mit Felix Fechenbach, dem Sekretär Kurt Eisners, mit dem sie gemeinsam in einer Wohnung lebten. Hedwig Kämpfer setzte durch, dass diejenigen, die wegen der Januarstreiks 1918 eine Haftstrafe verbüßt hatten, dafür eine Entschädigung erhielten.

Lida G. Heymann schreibt über die Tätigkeit Hedwig Kämpfers als Richterin:

>»Niemals erlebte ich, dass ein Mann selbst bei bestem Willen und Bemühen zustande brachte, was einer Frau, Hedwig Kämpfer, beim Revolutionstribunal in München gelang. Mit ernster Entschiedenheit, der nie die warme Menschlichkeit fehlte, brachte sie in kurzer Zeit verstockte Menschen dahin, die volle Wahrheit über ihre Delikte ehrlich zu bekennen.«[38]

37 Bayrisches Hauptstaatsarchiv, Arbeiter-und-Soldaten-Rat, Akte 2.
38 Heymann, a.a.O., S. 175.

Die dringendsten Frauenforderungen

Die folgende, erhalten gebliebene Rede bezüglich Frauenforderungen wurde wahrscheinlich von Elma Klingelhöfer verfasst.

»Man hat z. B. die Objektivität der Frau immer in Frage gestellt. Sie war deshalb vom Richterstande ausgeschlossen. Gerade in den Richterstand gehört die Frau hin, kraft ihres sicheren Urteils und ihrer größeren Fähigkeit der Einfühlung... Wir haben keine Frauen in den Angestellten-, Invaliden- und Krankenversicherungen. In allen Konflikten entscheiden auch da nur Männer. Und die Krankenkassenkontrolleure, die jederzeit Zutritt haben, wenn die Frau im Bett liegt, und die schon manche kranke Frau in beleidigende Verlegenheit gebracht haben, müssen durch Frauen ersetzt werden... Keine Mutter darf sich der Anteilnahme am politischen Leben entziehen, denn es gilt jetzt... zu schaffen: Ausbau der Wöchnerinnen-Fürsorge, der Säuglingsfürsorge, der ärztlichen Hilfe, der Hebammenhilfe, die sich nicht mehr nach der Wohlhabenheit der Kranken abstufen dürfen. Nach der Statistik vom vorigen Jahr haben in Berlin von hundert Säuglingen nur drei das erste Lebensjahr erreicht* Wir müssen für den Schutz der Frau während der Schwangerschaft sorgen, für die Fortzahlung des Lohnes während der Schwangerschaft, die Erhöhung des Stillgeldes für die stillenden Mütter... Die gleichen Bestimmungsrechte, die der Mann hat über die Erziehung der Kinder muß auch die Frau bekommen ... Das Zölibat der Lehrerin muß abgeschafft werden! ... Eine Neuregelung der Alimentenfrage muß geschaffen werden! Es muß aufhören, dass die außereheliche Mutter die ganze schwere Sorge für das Kind trägt und sich mit einem lächerlich kleinen Geldzuschuß des Vaters begnügt. In Zukunft muß das Vermögen des Vaters maßgeblich sein für die Höhe der Alimentitation... Wir wollen unsere politische Mündigkeit vor allem dazu benutzen, die Frauenarbeit zu schützen in Werkstätten und Fabriken, in Dienst- und Lohnverhältnissen. Wir verlangen für die Frauen die gleiche Bezahlung mit den Männern bei gleicher Arbeitsleistung... Für die Jugend fordern wir vor allem die kostenlose Schule für eheliche und außereheliche Kinder. Die Bildung darf nicht länger Monopol der Besitzenden sein!... Die Jugend aller Volksklassen soll den neuen Geist der Revolution, der Freiheit, der Menschlichkeit fühlen!«

Quelle: Staatsarchiv München, Stanw. 2077

---

* Diese Zahl kann nicht stimmen, obwohl die Säuglingssterblichkeit tatsächlich erschreckend hoch war: Sie lag 1917 im Deutschen Reich bei 15% (zum Vergleich: Heute liegt sie bei etwa 0,4%).

Neben der Richterin und Kassenführerin Hedwig Kämpfer waren noch weitere Frauen im Revolutionstribunal vertreten: Rosa Aschenbrenner, ebenso wie Hedwig Kämpfer Mitglied des »Bundes sozialistischer Frauen«, arbeitete dort als Beisitzerin bzw. Sprecherin des räterepublikanischen Staatsanwalts. Eine andere Beisitzerin war Mathilde Baumeister, Mitglied der USPD und des »Bundes sozialistischer Frauen«. Sie war eine sehr aktive Frau, die sich mit ihrer politischen Arbeit gegen ihren reaktionären Ehemann, einen Uhrmacher, durchsetzte. Nach der Zerschlagung der Räterepublik wurde Mathilde Baumeister wegen Beihilfe zum Hochverrat zu 1 Jahr 3 Monaten Gefängnis verurteilt.

Das Revolutionstribunal scheint ein Gremium gewesen zu sein, in dem Frauen nicht nur relativ stark beteiligt waren, sondern auch eine gewisse Macht hatten. Lida G. Heymann schreibt:

> »Dass dieses Revolutionstribunal kein Todesurteil aussprach, war ausschließlich auf die Frauen zurückzuführen, die sofort, nachdem es zusammentrat, als erstes die Forderung erhoben: ›Todesurteile werden nicht verhängt.‹ Die Annahme dieses Grundsatzes trug den Frauen – wie sich sehr bald zeigen sollte – den unverbrüchlichen Haß eines Levien und Eugen Leviné ein.«[39]

Es gab aber auch von anderer Seite Kritik an der Rechtsprechung des Revolutionstribunals, z.B. als es höhere Postbeamte, die eine geheime Telefonverbindung zur Regierung Hoffmann in Bamberg hergestellt hatten, freisprach.

Auch in finanzieller Hinsicht zeigte sich der Einfluss der Frauen: Alle Beisitzer des Revolutionstribunals erhielten unabhängig von ihrem Geschlecht 20 Mark am Tag – im Gegensatz z. B. zu den Angestellten des Münchner Arbeiter-und-Soldaten-Rates, bei dem Frauen weniger verdienten als Männer.

4.4 Die dringendsten Forderungen

In der kurzen Zeit zwischen November 1918 und April 1919, in der sich die Ereignisse überstürzten, konnten die vielen dringenden Frauenforderungen kaum erfüllt werden.

Die Frauenrechtlerin Rosa Kempf fasste sie in einer Rede für die Deutsche Demokratische Partei (DDP) vor den Wahlen zum Bayrischen Landtag im Januar 1919 zusammen:[40]

---

39 A.a.O., S. 175.
40 Frauenfragen, Vortrag von Frau Dr. Kempf, München o.O., o. J.

- So viel Frauen wie möglich sollten mit dem Ziel der Quotierung in die Parlamente; es müsse prozentual ebenso viele weibliche Abgeordnete wie Wählerinnen geben.
- Frauen sollen sich in allen Zweigen der öffentlichen Verwaltung betätigen; es müsse ebenso Ministerinnen geben wie Bürgermeisterinnen.
- In den Schulen ist die Koedukation einzuführen.
- Zulassung von Frauen in der Rechtspflege, d. h. zum Amt der Richterin, Schöffin usw. (Diese Forderung wurde, wie wir gesehen haben, durch das Revolutionstribunal bereits spontan erfüllt, obwohl Hedwig Kämpfer keine ausgebildete Juristin war.)
- Gleichstellung von Ehepartnern: Abschaffung des Gesetzes, nach dem die Frau nur mit Zustimmung ihres Ehemannes erwerbstätig sein darf. Ebenfalls Abschaffung des Gesetzes, nach dem Beamtenfrauen grundsätzlich nicht erwerbstätig sein können.
- Aufhebung des »Zölibats« für weibliche Beamte. (Dieses Gesetz traf vor allem Lehrerinnen: Heirateten sie, wurden sie aus dem Schuldienst entlassen.)
- Gleichstellung von ledigen Müttern und unehelichen Kindern: Einführung des Erbrechts für uneheliche Kinder. Die ledige Mutter hat das Recht, mit »Frau« statt mit »Fräulein« angeredet zu werden.

Wie revolutionär diese Forderungen damals waren, zeigt die Tatsache, dass es Jahre und Jahrzehnte dauerte, bis sie durchgesetzt wurden; von einer Quotierung in den Parlamenten ist bis heute keine Rede. Das Erbrecht für uneheliche Kinder wurde in Deutschland zum Beispiel erst 1998 endgültig eingeführt.

4.5 Sexualität und Schwangerschaft

Eine wichtige Frauenforderung fehlt in dem vorangegangenen Katalog von Rosa Kempf: Die Straffreiheit der Schwangerschaftsunterbrechung.

Nach dem Ersten Weltkrieg nahm nicht nur die Zahl der Scheidungen, sondern auch die der Abtreibungen sprunghaft zu. Das lag einerseits schlicht daran, dass die Männer wieder daheim waren und Kinder zeugten, andererseits daran, dass Kinder in dem allgemeinen Elend der Nachkriegszeit schwer aufzuziehen waren. Eine Rolle spielt weiterhin, dass die Frauen durch Krieg und Revolutionszeit selbstbewusster geworden waren und sich längst nicht mehr nur als (potenzielle) Mütter begriffen. Wise Kaetzler schreibt in dem hier veröffentlichten Briefwechsel zum Beispiel über eine Kollegin:

»Sie schwebt jetzt in Angst, in anderen Umständen zu sein. Wenn sie in den nächsten Tagen nicht unwohl wird, geht sie zum ›Kippen‹, das macht sie schon seit Jahren so, die Ärmste! Sie sagte: ›Ich war so froh, wie mein Mann im Feld war, da brauchte ich nie in Angst drum zu sein.‹ Aber, dear, das sag ich Dir, wenn ich mal durch so eine Dummheit in andere Umstände käme, würd ich es grad so machen, eh ich mir mein ganzes Leben durch so ein Zufallskind verpfuschen würde.«[41]

1923 kommen in Berlin bereits auf 44 000 Konzeptionen 23 000 Abtreibungen – also fast die Hälfte. Dadurch, dass sie fast alle illegal durchgeführt werden, sterben in den zwanziger Jahren jährlich ca. 25 000 Frauen an den Folgen einer Schwangerschaftsunterbrechung. Die vor dem Krieg begonnene Diskussion um die Abschaffung des § 218 nimmt auch in Bayern wieder neuen Aufschwung. Josef Hofmiller schreibt empört in sein »Revolutionstagebuch«:

»In einer Münchner Zeitung sah ich heute groß ein illustriertes Buch über Kindsabtreibung (dies war sogar der Titel!) angezeigt. Das sind die Früchte der neuen Freiheit.«[42]

(Wes Geistes Kind Hofmiller ist, zeigt sich auch auf Seite 184 seines Tagebuches. Er schreibt dort: »... ich [sic] erwarte im Sommer das dritte Kind.«)

Als konkrete Forderung an Revolution und Rätebewegung taucht die Abschaffung des § 218 jedoch ebensowenig auf wie die des Homosexuellen-Paragraphen 175. Die Zeit war zu wirr und zu kurz. Erich Mühsam schreibt dazu:

»An Hand revolutionärer Dekrete läßt sich die Einwirkung der Revolution in Bayern auf die Sexualauffassungen der öffentlichen Moral nirgends feststellen... Die Stellung der Frau in der Gesellschaft und mithin die Problematik der Ehe konnte in Bayern nur wegen der kurzen Dauer der Räteherrschaft nicht zum Gegenstand revolutionärer Entscheidungen werden... Auch die russische Revolution beschränkte sich in der ersten Zeit darauf, der Entwicklung der revolutionären Sexualmoral keine Schwierigkeiten in den Weg zu legen und zog die verfas-

---

41 Vgl. S. 95.
42 Hofmiller, Josef, *Revolutionstagebuch 1918/19. Aus den Tagen der Münchner Revolution*, Leipzig, 1939.

sungsrechtlichen Folgerungen erst nachher, aus den Erfahrungen der Praxis...[43] Die Gleichberechtigung der unehelichen Kinder und deren Mütter, die Aufhebung der Strafbarkeit des nach bayrischem Polizeistrafrecht als ›Unzucht‹ geächteten Konkubinats wurde in Versammlungen gefordert, aber in der Praxis erst viel später und nur zum Teil verwirklicht. Die ungeheure Erstarkung der kirchlichen Macht gerade in Bayern hat schon viel Erreichtes wieder verschüttet, und heute steht Bayern bezüglich moralischer Engstirnigkeit und bockbeinigem Zelotentum an der Spitze aller deutschen Länder. Vorausgesehen haben diese Entwicklung in der Revolutionszeit vor allem die radikal-bürgerlichen Frauenrechtlerinnen, die im Rätekongress in allen wichtigen Fragen mit dem äußersten linken Flügel zusammengingen.«[44]

Obwohl Sexualität und Schwangerschaft eben gerade kaum Themen waren, setzte genau hier die Greuelpropaganda der Weißen an. Erich Mühsam schreibt:

»Die grauenhafte Ermordung Gustav Landauers ... ist allein darauf zurückzuführen, daß den Soldaten in jenen schwarzen Listen eingeredet wurde, Landauer und Mühsam hätten die Frauen verstaatlichen wollen...
Die Verdächtigungen, die in der bayrischen wie in jeder anderen Revolution laut geworden sind, als hätten die Frauen in mänadenhafter Trunkenheit revolutionäre Begeisterung zum Vorwand schamloser Aufführung gedient, sind ... Tendenzlügen.«[45]

Lida G. Heymann berichtet zu dem Thema:

»Katholische Geistliche ... gebrauchten wieder und wieder die gleichen Argumente: Faselten von der drohenden Gefahr freier Liebe, freier Ehe, dem illegitimen Kinde. In Unterammergau rief nach einer solchen Rede eines Geistlichen eine Stallmagd laut und vernehmlich in die Versammlung: ›Er hat ja selbst drei Uneheliche!‹«[46]

43 Die Sowjetunion hatte z. B. die Legalisierung der Abtreibung und die Geburtenkontrolle durch Verhütungsmittel eingeführt. Wie sehr die Straffreiheit der Schwangerschaftsunterbrechung die Sterberate der betroffenen Frauen senkte, geht aus folgender Statistik hervor:

Todesfälle auf 1 000 Aborte

	Leningrad (1 Arztpraxis)	Berlin (1 Arztpraxis)
1922	3,92	13,7
1923	3,55	14,0

(aus: Magnus Hirschfeld, *Sittengeschichte der Nachkriegszeit*, Wien 1932. Zit. nach: *Frauenalltag und Frauenbewegung im 20. Jahrhundert. Materialiensammlung zu der Abtlg. 20. Jahrh. im Historischen Museum Frankfurt a.M. 1980, S. II/113).
44 Zit. nach Viesel, a.a.O., S. 196 f.
45 Zit. nach Viesel, a.a.O., S. 198.
46 Heymann, a.a.O., S. 165.

4.6 Erfolgreicher Kampf: Achtstundentag für Hausangestellte

Nach dem Krieg stürzten sich die entlassenen Arbeiterinnen auf den Stellenmarkt für »Dienstmädchen« als eine der damaligen Domänen der städtischen Frauenarbeit. Eine Zahl des Arbeitsamtes München beweist das: Am 11. Januar 1919 suchten hier 1344 Frauen in der Hauswirtschaft Arbeit. Angeboten wurden 673 Stellen[47]; etwa die Hälfte der Frauen musste also unverrichteterdinge vom Arbeitsamt wieder heimgehen. Die gnädigen Herrschaften konnten jederzeit ein aufmüpfiges Dienstmädchen entlassen und ein neues einstellen. Umso erstaunlicher ist es, dass die Hausangestellten trotzdem aufbegehrten. Gustav Klingelhöfer schreibt in einer Notiz:

>»Die Hausgehilfinnen, die während des Krieges in der Rüstungsindustrie tätig waren, wollen jetzt nur Tagesstellen annehmen, weil sie sich nicht mehr wohl fühlen im herrschaftlichen Hausverband. Das kann man ihnen nicht verdenken, nachdem sie so lange selbständig waren und ohne Bevormundung über ihr Leben bestimmen konnten. Das beweist nur, wie dringend notwendig die Umgestaltung der Lage der Hausangestellten ist.«[48]

Auf Druck der Hausangestellten hob der Staatskommissar für Demobilmachung am 13. Dezember 1918 das geltende Gesinderecht auf. Nach diesem Recht waren die Dienstmädchen halbe Sklavinnen gewesen, deren Arbeitskraft allzeit – auch nachts – abgerufen werden konnte. In der neuen Regelung wird der Achtstundentag eingeführt, der Anspruch auf Kost, Logis und Urlaub gesetzlich verankert, wird vor allem die Nachtarbeit abgeschafft: Vor 6 Uhr und nach 20 Uhr brauchte keine Hausangestellte mehr zu arbeiten.

Der Zentralrat fügt den Anordnungen des Staatskommissars noch hinzu:

>»Wer gegen dieses Gesetz verstößt und Hausgehilfen ihrer Rechte beschränkt, wird bis zu Mk. 3 000,– bestraft.«[49]

Dazu Lida G. Heymann:

>»Die Aufregung unter den kleinlichen, bourgeoisen Hausfrauen über die den Hausangestellten zuerkannten Rechte war groß, sie haßten den Urheber solcher Neuerungen,

---

47 Staatsarchiv München, Stanw. 2077.
48 A.a.O., Stanw. 2077.
49 Bayrisches Hauptstaatsarchiv, Arbeiter-und-Soldaten-Rat, Akte 3.

verleumdeten ihn, wo sie nur konnten… Anders die Hausangestellten; sie empfanden warme Verehrung für Kurt Eisner. Viele, einmal von der Knechtschaft befreit, wußten ihre Freiheit zu nutzen.«[50]

Eine von ihnen war Kreszenz Ehard, die sich offensichtlich beim Vollzugsrat über ihre »gnädige Frau« beschwert hatte – mit Erfolg:

> »8. März
>
> An Frau Geheimrat Sedlmayer, München
> Unterzeichneter Vollzugsrat der Arbeiterräte Bayerns bringt Ihnen zur Kenntnis, dass Sie die Frau Kreszenz Ehard sofort und ungehindert zu ihren Kindern reisen lassen müssen. Wenn Sie Schwierigkeiten machen, werden wir sofort mit den schärfsten Maßregeln gegen Sie vorgehen.«[51]

In feministischen Kreisen wurde – über das Gesetz hinausgehend – das Problem der Dienstmädchen grundsätzlich diskutiert und in Zusammenhang gebracht mit allen Frauen aus den unteren Schichten, die den Haushalt führen und ihre Männer und Kinder »bedienen«. In dem Artikel »Zur Lösung der Frage der Dienstboten«[52] schreibt Lida G. Heymann, dass man den gesamten Mechanismus des Haushalts ändern und lernen müsse, dass es unter der Würde des Menschen sei, andere zu bedienen. Sie fordert »Zentralhaushaltungen« mit vielen Familienwohnungen. In ihrem Modellentwurf wird alles zentral geregelt: Das Essen, die Heizung, die Wäsche. Diese Arbeiten verrichten ehemalige Dienstboten bei geregelter Arbeitszeit und guter Bezahlung, Dienstboten, die sich fortan weigern werden, in Einzelhaushaltungen zu »dienen«. An die Zentralhaushaltungen angeschlossen sind Krippen, Kindergärten und Horte.

Emphatisch beschließt sie den Artikel:

> »Der kapitalistische Staat hat abgewirtschaftet, wir gehen mit Riesenschritten der Sozialisierung entgegen.«[53]

Der kapitalistische Staat hatte leider alles andere als abgewirtschaftet, sozialisiert wurde wenig – am allerwenigsten der Haushalt. Eine »Zentralhaushaltung« – also in etwa eine Generationen übergreifende große Wohngemeinschaft – hätte eine Aufweichung der Familie bedeutet und damit der Herrschaft des Mannes über die Frau. Eine »Zentralhaushaltung« hätte vorausgesetzt, dass Frauen keine individuelle Hausarbeit

---

50 Heymann, a.a.O., S. 167.
51 Bayrisches Hauptstaaatsarchiv, Arbeiter- und Soldatenrat, Akte 31.
52 *Die Frau im Staat*, Jg. 1, 1919, Heft IV.
53 Heymann a.a.O.

mehr machen wollen und können: weil sie mit den Männern gleichberechtigt ausgebildet und berufstätig sind. Es hat nicht den Anschein, dass die männlichen Revolutionäre und Räterepublikaner ein großes Interesse an solchen Zuständen hatten...

4.7 Die Anziehungskraft der bayrischen Räterevolution auf auswärtige Frauen

Die Gegner der Rätezeit wiesen immer gern darauf hin, dass die bayrische Revolution keine »hausgemachte« gewesen sei, sondern »Preußen«, »Ausländer« und »Juden« sie angezettelt hätten. Tatsächlich hatten die Ereignisse in Bayern eine Anziehungskraft auf viele revolutionär gesinnte Menschen, auch auf Frauen. Einige von ihnen, die sich nur für Wochen und Monate in der bewegten Zeit von November 1918 bis Mai 1919 in München bzw. Bayern aufhielten, sollen hier kurz vorgestellt werden.

Da ist die damals 22-jährige Liddy Kilian, die zusammen mit vielen anderen im Februar 1919 von Dresden nach München aufbricht. Oskar Maria Graf, der Maler Walt Laurent und andere besorgen den Dresdner Linken eine Unterkunft. Liddy Kilian erledigt – wie viele Frauen – Kurierdienste für die Linken. Sie wird wie ihr Mann Mitglied der KPD und in den 20er Jahren bis zur »Machtergreifung« der Nazis Berliner Stadtverordnete. Bei der sogenannten »Köpenicker Blutwoche« 1933 wird ihr Mann von den Nazis derart zusammengeschlagen, dass er einige Jahre später an den Folgen stirbt. Liddy Kilian war ebenso wie ihre Tochter, die Schauspielerin Isot Kilian in der DDR sehr bekannt.

Eine Frau, die regelrecht gebeten wird, nach München zu kommen – erst von dem späteren Vorsitzenden der Kommunistischen Jugendinternationale, Willy Münzenberg, dann von Ernst Toller – ist die junge Schweizer Sozialistin Anny Klawa. Sie schreibt:

> »Ich sagte ohne Zögern zu. Revolution! Das heißt, ich würde an einer Aufgabe mitarbeiten, die mehr war, als immer nur Versammlungen besuchen, Protokolle schreiben [*sic*], auf Agitation gehen.«[54]

54 Annette Frei, *Die Welt ist mein Haus*. Das Leben der Anny Klawa-Morf, Zürich 1991, S. 109.

In München muss sie sich zuerst

»in die politischen Verhältnisse hineinfühlen, was sehr kompliziert war mit all den verschiedenen Gruppierungen… Kommunisten und Sozialdemokraten brüllten sich gegenseitig an.«[55]

Dann kommt sie zu Ernst Toller nach Dachau:

»Auf dem Büro der Roten Armee musste ich die Listen der Soldaten auf dem neuesten Stand halten und die Stempel unter Verschluss bewahren. Ich hatte einen Revolver, einen Browning, und man lehrte mich schießen.«[56]

Dieser Revolver zur Selbstverteidigung war nützlich, denn, so berichtet Anny Klawa weiter:

»Auf Bahren wurden drei bewusstlose Frauen auf den Platz getragen. Sie hatten die Nacht im Kantonnement verbracht und waren mehrfach vergewaltigt worden… Mir liefen die Tränen hinunter. Toller sprach eindringlich zu den Rotgardisten… Hatte die Frau so wenig Wert bei den Männern?… Nun stürzte für mich eine Welt zusammen. Das, was ich in diesen drei Wochen in Dachau erlebte, war sehr schwer zu ertragen. Wären nicht Menschen wie Toller, Schollenbruch, Gustav und Elma Klingelhöfer um mich gewesen, wäre ich verzweifelt…«[57]

Die Erfahrung, dass Männer, sobald sie »unter Waffen stehen« – auch wenn sie für eine »gerechte Sache« kämpfen –, oft ihre Macht- und Rachegelüste in Form von Vergewaltigungen befriedigen, mussten vor und nach Anny Klawa noch viele Frauen machen.

Wenige Tage später rettet sie einem Genossen, Friedrich Barthel, vermutlich das Leben: Offiziere der weißen Garden dringen in die Wohnung ein, in der sich die beiden gerade aufhalten. Geistesgegenwärtig legt Anny einen Arm um den Genossen und zieht ihm dabei blitzschnell seinen Revolver aus der Hosentasche. Dann zieht sie sich ihre Schuhe an und schiebt dabei den Revolver unters Bett. Sekunden später wird Barthel nach Waffen durchsucht. Zu der Zeit, Anfang Mai 1919, galt »Standrecht«, d.h. jeder, der mit einer Waffe angetroffen wurde, konnte auf der Stelle erschossen werden. Beide werden verhaftet, ähnlich wie Gabriele Kaetzler muss Anna Klawa im Gefängnis München-Stadelheim mitanhören, wie Eugen Leviné erschossen wird. Durch Intervention des Schweizer Konsuls wird Anny Klawa Mitte Juni 1919 entlassen und des Landes verwiesen.

55 A.a.O., S. 112.
56 A.a.O., S. 113.
57 A.a.O., S. 114f.

Auch Rosa Leviné ist von der Revolution in München begeistert und reist Ende März 1919 ihrem Mann Eugen von Berlin nach München nach. Sie schreibt:

>»Vor allem schien München damals eine Festung der Revolution zu sein...Nach München flüchteten die verfolgten Genossen, denen das ›freie Bayern‹ Asylrecht gewährte... [Die Kommunisten durften sich] auf den Straßen zeigen..., in der Straßenbahn die *Rote Fahne* lesen, ohne Furcht, misshandelt oder zum mindesten angepöbelt zu werden. Nach dem Leben in Berlin kam man sich wie im Märchenland vor.«[58]

5. (Revolutionäre) »Machos« an der Macht

5.1 In Sachen Frauenarbeit...

Dass Frauen während der Rätezeit einiges durchsetzten, ist ihnen wahrhaftig nicht in den Schoß gefallen. Das Mitglied des Revolutionären Hochschulrates Max Zillibiller schreibt in sein Tagebuch:

>»8. Mai – München
>Wallach, Soboljeff, Rubiner verhaftet, Bernd erzählt mir den Roman der Aktenablieferung durch Ev. und S. L. Soviel habe ich diesmal gelernt, daß ich bei einer Revolution mit Weibern nichts mehr zu tun haben will.«[59]

Es hat nicht den Anschein, dass diese Bemerkung eine Ausnahme war.

Wir müssen uns noch einmal vergegenwärtigen: Die Männer, die in den verschiedenen Räte-Gremien saßen, waren keine verknöcherten Geheimräte, keine herrischen Junker, keine erzkonservativen Spießer. Sie waren meist Mehrheitssozialisten, Männer, die zumindest einen gewissen Reform-Anspruch hatten. In der Behandlung der Frauen waren viele dagegen eben diese Geheimräte, Junker, Spießer aus Kaiser Wilhelms Zeiten.

Das beginnt mit der Bezahlung der Frauenarbeit. Die Zeit war zu wirr und zu kurz, um ein Gesetz »Gleicher Lohn für gleiche Arbeit« zu erlassen und vor allem dessen Durchführung zu kontrollieren.

58 Rosa Leviné, *Aus der Münchner Rätezeit*, Berlin 1925.
59 Max Zillibiller, *Auszüge aus einem Tagebuch*, (4. April bis 5. August 1919), Typoskript, Staatsarchiv München, zit. nach Viesel, a.a.O., S. 47.

Aber dort, wo die Räte zumindest teilweise einen Einfluss hatten, in den kommunalen Einrichtungen der Stadt München, hätte man dort nicht wenigstens in diese Richtung arbeiten können? Stattdessen setzte der Magistrat von München folgendes Erwerbslosengeld fest: Männer 5 Mark am Tag, Frauen 3,50.

Desgleichen entlohnte das Einwohneramt München seine Arbeitskräfte folgendermaßen: Männer 8 Mark am Tag, Frauen 6 Mark. Es war nicht so, dass die Beamten im guten alten Schlendrian nicht daran gedacht haben, das zu ändern: Anita Augspurg, Lida G. Heymann und ihr »Verein für Frauenstimmrecht« haben gegen die Ungleichbehandlung energisch protestiert.[60] (Toni Pfülf setzte später den Kampf für gleiches Erwerbslosengeld für Männer und Frauen im Reichstag fort.)

Aber es kommt noch schlimmer: Selbst dort, wo wirklich kein königlich-bayrischer Amtsschimmel mehr sitzen konnte, im Vollzugsrat der Arbeiter- und-Bauern-Räte selbst, beschloss man in einer Sitzung vom 28. Januar 1919:

> »Entschädigungsgelder und Löhne im Vollzugsrat der Arbeiter- und Bauernräte sind folgende: (…)
> • die männlichen Angestellten 15,–
> • die weiblichen 12,50.«[61]

Da keine Frau im Vollzugsrat vertreten war, konnte auch keine protestieren.

Noch dreister waren die Soldatenräte. Hilde Kramer, die dort zeitweilig arbeitete, erhielt 8,– M. am Tag. Bezeichnend ist auch das Protokoll einer Sitzung des Soldatenrates:

> • »Unterleitner (Minister für soziale Fürsorge): ›Die Frauenarbeit soll ebenfalls geschützt sein.‹
> • Zuruf: ›Am besten wäre ja die Abschaffung der Frauenarbeit.‹
> • Rufe: ›Sehr richtig!‹
> • Unterleitner: ›Aber so weit sind wir leider noch nicht. Das werden wir uns erst noch im Sozialismus erringen müssen. Aber auch dann wird die Frau in der modernen Produktionsweise arbeiten können, eine leichte, gesunde Arbeit kann auch die Frau leisten … Nein, jetzt ist es so, daß die Frauen mitarbeiten müssen und da wollen wir ihnen auch das gleiche Recht wie ihren männlichen Kollegen sichern.‹«[62]

60 *Die Frau im Staat*, Jg. I, 1919, Heft 1.
61 Bayrisches Hauptstaatsarchiv, Arbeiter-und-Soldaten-Rat, Akte 3.
62 Stenographischer Bericht über die Verhandlungen der Bayrischen Soldatenräte, 30. November bis 3. Dezember 1918, Reprint, München/Berlin o.J., S. 98.

Selbstverständlich umgaben sich die Männer gern mit jungen, revolutionär engagierten Mitarbeiterinnen. Aber die Arbeitsteilung war klassisch patriarchalisch: Männer verfassten die revolutionären Dekrete und Flugblätter, Frauen durften sie tippen und verteilen. Aus dem hier in Teil II veröffentlichten Briefwechsel wird zum Beispiel klar, dass Hilde Kramer zwar unermüdlich an der Schreibmaschine sitzen durfte, aber sonst wenig zu sagen hatte.

Zu den Flugblattverteilerinnen gehörte die Arbeiterin Therese Burgmeier, die für den Vollzugsrat arbeitete. Erich Mühsam schreibt über sie:

> »In jeder Versammlung, bei jeder Demonstration war sie die bekannteste und beliebteste Erscheinung. Immer lief sie mit Flugblättern, spartakistischen Aufrufen und meiner Revolutionszeitschrift ›Kain‹ herum, die sie mit lauter Stimme ausrief. Auf eigene Faust und in Gemeinschaft mit anderen betrieb sie unermüdlich Haus- und Straßenagitation, in ganz München nannte man sie ›die rote Resl‹. Sie war in den schwierigsten und diskretesten Missionen unbedingt zuverlässig, Tag und Nacht auf dem Posten, gefällig, freundlich und immer gutgelaunt.«[63]

»Bekannt«, »beliebt«, »unermüdlich«, »unbedingt zuverlässig«, »Tag und Nacht auf dem Posten« – und trotzdem hielt mann die »rote Resl« zu keiner politischen Verantwortung fähig, wählte man sie nicht in die Räte, erhielt sie kein politisches Amt.[64]

Wenn Frauen sich gegen diese Behandlung wehrten und ihre eigenen Interessen wahrnahmen, stießen sie auf Widerstand. Lida G. Heymann schreibt über den »Bund sozialistischer Frauen«:

> »Mit steigendem Mißbehagen wurde diese Zusammenarbeit der Frauen von vielen sozialistischen Männern beobachtet; sie spürten offenbar, daß es hier für sie ums Ganze ging, fühlten sich in ihrem Autoritätsgefühl bedroht, ihre Herrennatur begehrte auf.«[65]

Es gab jedoch auch Männer, die Frauenfragen – zumindest in der Theorie – relativ positiv gegenüberstanden. Es waren dies meist linksgerichtete Künstler-Naturen; Mehrheitssozialisten waren nicht darunter.

---

63 Erich Mühsam, *Räterepublik und sexuelle Revolution*, zit. nach Viesel, a.a.O., S. 198.
64 Die Frauen im SDS empörten sich 50 Jahre später über die gleiche »Arbeitsteilung« und gründeten 1969 einen »Weiberrat«.
65 Heymann, a.a.O., S. 165.

Lida G. Heymann betont immer wieder die gute Zusammenarbeit mit Kurt Eisner.[66]

Er war es auch, der sie auf Platz 2 seiner Wahlliste zur Deutschen Nationalversammlung setzte, obwohl sie nicht der USPD angehörte. (Sie wurde allerdings nicht gewählt.)

Ein anderer war Ernst Toller, der Anita Augspurg als Ministerin für soziale Fürsorge vorschlug. Ohne weitere Diskussion wurde dann Unterleitner nominiert und gewählt. Toller schrieb in einem Brief an Mathilde Wurm, der Freundin von Rosa Luxemburg:

> »Sie haben recht, es ist den Arbeitern unbequem, wenn ihre Frauen ernst machen mit der Verwirklichung sozialistischer Forderungen.«[67]

Er berichtet von einem »Genossen, dessen Steckenpferd die Verdammung der bürgerlichen Sexualmoral war«, der sich gegen die Monogamie bei Männern *und* Frauen einsetzte. Der Revolutionär musste für drei Jahre ins Gefängnis, schloss danach glücklich seine Frau in die Arme. Plötzlich kam ein Brief an Toller: Sein Glück sei »zerbrochen«, »auf immer vergiftet«.

> »Und der Grund? Der Genosse hatte in Erfahrung gebracht, daß seine Frau ein einziges Mal in den drei Jahren einen ›Fehltritt‹ (Fehltritt, schrieb er!) begangen habe.«[68]

Toller muss bei Frauen ziemlich beliebt gewesen sein, zumindest haben ihm viele geholfen, als er auf der Flucht war, z. B. die Schauspielerin Tilla Durieux. Andere scheinen ihm weniger gefallen zu haben. Sichtlich missgünstig schreibt er:

> »… verhängnisvollen Einfluß haben einige Frauen, die ein paar Wochen in Sowjetrußland zu Besuch waren, sie stützen sich auf ihre touristischen Erfahrungen und glauben, weil sie die revolutionäre Wirklichkeit flüchtig sahen, nun damit die Eignung zu strategischen Leiterinnen aller künftigen Revolutionen zu haben. Und Männer, die seit Jahren in der sozialistischen Bewegung arbeiten, beugen sich, ohne zu zögern, mit befremdlicher Freude, ihren Phrasen, ihren Allerweltsrezepten.«[69]

---

66 Privat hielt er es damit nicht so genau: Eisner verließ seine Frau und fünf Kinder, um eine zwanzig Jahre jüngere Frau zu heiraten. Seine erste Frau kämpfte jahrelang vergeblich um Unterhaltszahlungen für die Kinder.
67 Zit. nach Viesel, a.a.O., S. 392.
68 Zit. nach Viesel, a.a.O., S. 392.
69 Ernst Toller, »Eine Jugend in Deutschland«, in: *Die Münchner Räterepublik*. Zeugnisse und Kommentar, hrsg. v. Tankred Dorst, Frankfurt am Main 1966, S. 103.

Die Anarchisten setzten sich besonders für die sexuelle Freiheit der Frauen ein. Erich Mühsam sympathisierte sogar mit dem Matriarchat. Bereits 1910 schrieb er in seinem Artikel »Frauenrecht«:

> »Die Erziehung zur Selbständigkeit in den eigenen Dingen, die Verfügung über den eigenen Leib, ungehindert von den moralischen Intrigen der Gesellschaft, die Befreiung von der öffentlichen Kontrolle der Unberührtheit, die unbedingte Anerkennung des Menschen im Weibe, das wären Frauenrechte, für die auch wir Sozialisten uns mit recht viel Eifer einsetzen könnten...
> Mir persönlich gilt das Mutterrecht als eine heilige Menschheitssache, und ich will ... nur ein paar Worte hersetzen, die ... Rahel von Varnhagen, die feine, kluge, überaus empfindsame Freundin Goethes in ihr Tagebuch schrieb:
> ›Kinder sollen nur Mütter haben, und deren Namen tragen; und die Mutter das Vermögen und die Macht der Familie. So bestellt es die Natur; man muß diese nur sittlicher machen... Fürchterlich ist die Natur darin, daß eine Frau gemißbraucht werden kann, und wider Lust und Willen einen Menschen erzeugen kann.‹
> Verdient die Frau, die so fühlt, wirklich den Namen eines entarteten, entfesselten und entwurzelten Weibleins?«[70]

Für andere, konkrete politische und ökonomische Frauenforderungen haben sich die Anarchisten dagegen weniger interessiert.

5.2 Selbstbewusste Revolutionärinnen oder »Frauen an seiner Seite«?

Thekla Egl

In der *Münchner Zeitung* vom 13. Juni 1919 findet sich folgende Notiz:

> »Tollers Geliebte verhaftet
> In einem kleinen Ort in der nächsten Umgebung von München wurde nun auch Tollers Geliebte, die Krankenschwester Thekla Egl verhaftet... Sie soll, wie man in Tollers Bekanntenkreisen erzählt, einen außerordentlich starken Einfluß auf Toller gehabt haben.«

Die Krankenschwester Thekla Egl, geboren 1892, war die Tochter von Marie Egl, die als ausgesprochene »Spartakistin«[71] galt. Im Dezember 1918 wurde Thekla Egl Mitglied der USPD und Mitbegründerin des »Bundes sozialistischer Frauen«, als dessen Delegierte sie am Rätekongress teilnahm.

Sie scheint politisch sehr aktiv gewesen zu sein; das ganze Ausmaß ihrer Tätigkeit ist schwer einzuschätzen: Das meiste, was wir über sie

70 Erich Mühsam, »Frauenrecht«, in: Erich Mühsam, *Fanal*, Berlin 1984, S. 68 ff.
71 Staatsarchiv München, Stanw. 2242/I.

wissen, stammt aus Zeugenaussagen und eigenen Auslassungen vor Gericht und ist insofern sicher nicht vollständig. Thekla Egl nahm ständig an Demonstrationen, Versammlungen und Diskussionen teil.

»Ich sprach da im Sinne des Sozialismus über das Frauenwahlrecht«[72],

sagte sie später vor dem Richter. Im Dezember 1918 lernte sie auch Ernst Toller kennen. Ob sie tatsächlich seine Geliebte wurde, ist hier nebensächlich. Jedenfalls scheint er auf ihre politischen Einschätzungen Wert gelegt zu haben: Er gab ihr einmal einen Stoß Material zum Durcharbeiten, um ihre Meinung über die Schaffung einer Bürgerwehr zu hören.

Thekla Egls politisches Anliegen war vor allem die Einheit der Revolutionäre. An der ersten Räterepublik bedauerte sie »im Interesse der Einigkeit, daß sich die Kommunisten ausgeschlossen haben«.[73]

Sie versucht, einzelne von ihnen zur Teilnahme zu überreden, so wie sie umgekehrt Toller u. a. überzeugen will, über die Parteigrenzen hinwegzudenken – ein Grundsatz, den ja auch der »Bund sozialistischer Frauen« befolgte.

»Ich wollte meinen Einfluß dahin geltend machen, daß die Parteien sich einigen und, wenn nötig, eben jede Partei Konzessionen machen müsse, um eine Einigkeit herbeizuführen. Nach meinem Dafürhalten waren damals die Arbeiter einig, nur ihre Führer nicht.«[74]

Eine sicher nicht falsche Einschätzung, die 10 bis 15 Jahre später, als der Faschismus vor der Tür stand, an erschreckender Bedeutung gewann.

Nach eigenen Angaben ist Thekla Egl sowohl bei den Kämpfen um den Münchner Hauptbahnhof am Palmsonntag wie bei den Kämpfen um Dachau wenige Tage später dabei. In Dachau betätigt sie sich als Krankenschwester und als Zahlmeisterin der Roten Armee. In einer Anfrage des Standgerichts München beim Amtsgericht Dachau heißt es später, am 15. Mai 1919, dazu:

»Es soll Ihnen näheres über die dort von Toller und seiner Frau [gemeint ist Thekla Egl – d.V.] entwickelte Tätigkeit bekannt sein; es wird behauptet, ... daß seine Frau sich als Krankenschwester verkleidet und zu Gunsten der roten Armee Spionagedienste geleistet habe.«[75]

72 A.a.O., Stanw. 2428.
73 A.a.O., Stanw. 2428.
74 A.a.O., Stanw 2428.
75 A.a.O., Stanw. 2242/I.

Am 30. April 1919 fährt Thekla Egl als Parlamentärin zu den Weißen Truppen in Dachau. Jedenfalls behauptet das Ernst Toller, der als Zeuge versucht, sie zu entlasten. Am 5. Juni 1919 sagt er aus:

>»Es ist mir bekannt, daß Fräulein Egl sich mit einer Deputation des neugebildeten Zentralrats am 30. April zu den weißen Garden begab, um unter allen Umständen das Blutvergießen zu vermeiden ... als Mitglied des Bundes sozialistischer Frauen.«[76]

Thekla Egl selbst bestätigt diese Aussage.

Ob sie tatsächlich als Parlamentärin bei den weißen Garden war oder doch eher als »Spionin«, ist heute nicht mehr zu rekonstruieren. Unklar ist auch, wen Erich Wollenberg meinte, als er schrieb:

>»Frauen haben besonders bei der Erforschung und Beeinflussung der Stimmung des Feindes großes Geschick an den Tag gelegt.«[77]

Nach dem Sieg der Regierungstruppen gelingt es Thekla Egl zunächst unterzutauchen. Anfang Juni wird sie jedoch von der Polizei aufgespürt und verhaftet, wahrscheinlich, wie damals leider oft, aufgrund einer Denunziation. Jedenfalls existiert folgende Aussage eines Hans Dietrich, der sich als »ständiger Begleiter des Armeeführers Toller« bezeichnet:

>»Ich verspreche, morgen in Begleitung des Schutzmann Hein alles daran zu setzen, um die Verhaftung der Egl, bei der sich die ganzen Fäden der Revolution zusammenspinnen und die sicher den Aufenthalt von Toller weiß, herbeizuführen.«[78]

Thekla Egl wird erst vom Volksgericht, dann vom Standgericht der Prozess gemacht. Im Prozessbericht des Volksgerichtes heißt es dazu:

>»Die Anklage lautete auf Beihilfe zum Hochverrat. Diese Verhandlung unterschied sich von vornherein von den meisten anderen, da die Angeklagte alle bürgerlichen Entlastungszeugen abgelehnt hatte, um die Verhandlung auf das rein Politische zu beschränken...
>Die Angeklagte beginnt damit, daß sie die anwesenden Richter nicht als ihre Richter anerkenne, da dieselben nicht Vertreter des Volkes, sondern des Kapitalismus seien.«[79]

---

76 Zit. nach Viesel, a.a.O., S. 394. Ob diese Verhandlungen mit dem Bund sozialistischer Frauen abgesprochen waren bzw. im Zusammenhang standen mit einer ähnlichen, von Hedwig Kämpfer angeführten Delegation, war nicht zu ermitteln.
77 Erich Wollenberg, *Als Rotarmist vor München*, Reprint, Hamburg 1972, S. 80.
78 Staatsarchiv München, Stanw. 2242/I.
79 A.a.O., Stanw. 2428.

Thekla Egl wird unter anderem vorgeworfen, dass sie zusammen mit Albert Daudistel, dem »Volkskommissar für politisch Verfolgte und ausländische Revolutionäre«, an einige Führer der Räterepublik Pässe verteilt und somit zur Flucht verholfen habe. (Thekla Egl war eine Gegnerin des KPD-Führers Eugen Leviné; sie fand ihn »grausam«. Um so mehr zeugt es von ihrer politischen Integrität, was sie zu der Passangelegenheit ihren Richtern ins Gesicht sagt:

> »Die Angeklagte ... bedauert sehr, daß sie Leviné keinen Paß vermitteln konnte, um seinen Mord zu verhindern.«[80]

Sie wird natürlich prompt wegen des Begriffes »Mord« verwarnt.)
Thekla Egl wird zu einem Jahr drei Monate Haft verurteilt, die sie im damaligen wie heutigen Frauengefängnis Aichach absitzt.

Im Herbst 1920 wird »unsere prachtvolle Genossin Thekla Egl, die einzige weibliche Gefangene Deutschlands, die die angebotene ›Bewährungsfrist‹ zurückwies« (Mühsam)[81] entlassen.

In einer Broschüre der KPD von 1922 wird die »prachtvolle Genossin« plötzlich als Spitzel bezeichnet: Sie habe (angeblich) Geld für die Befreiung Mühsams gesammelt, Arbeitern Waffen angeboten und versucht, Sprengstoff in die Festung Niederschönenfeld zu schmuggeln, in der die meisten Räterepublikaner einsaßen.

Wir wissen nicht, wie es zu der Anschuldigung, ein *agent provocateur* zu sein, kam. Sie erscheint sehr unglaubwürdig. Erstens existieren (soweit mir bekannt) in den Polizei- und Justizakten, in denen durchaus auch Spitzelberichte gesammelt wurden, keine Hinweise auf eine solche Tätigkeit von Thekla Egl.

Zweitens scheint sie sich eher vor der Polizei versteckt als mit ihr zusammengearbeitet zu haben: Ihrem Verlobten und späteren Mann Eugen Maria Karpf, dem ehemaligen Adjutanten von Eglhofer, schreibt sie Briefe ins Gefängnis unter der Berliner Deckadresse von Gabriele Kaetzler. Offensichtlich wird sie ständig überwacht. In einer Nachricht der Gendarmeriestation Oberhaching an das Bezirksamt München heißt es am 29. November 1925:

> »Betreff: Aufenthalt der kommunistischen Kurierin Thekla Karpf-Egl: Thekla Karpf-Egl ist seit einer Woche nicht mehr bei ihrer Mutter in Oberhaching wohnhaft. Sie soll sich in Berlin N. W. 29, Nostizstr. 52/I bei Teuber aufhalten.«[82]

80 Staatsarchiv München, Stanw. 2428.
81 Zit. nach Viesel, a.a.O., S. 811.
82 Staatsarchiv München, LRA München 58071.

44

Hildegard Menzi

Hildegard Menzi wurde 1872 geboren, war also bei Ausbruch der Revolution bereits 46 Jahre alt. Sie teilte das Schicksal vieler emanzipierter Frauen ihrer Generation: Vom Hochschulstudium in Deutschland ausgeschlossen, ging sie nach Zürich, um Medizin zu studieren. Dort wurde sie 1901 Ärztin. Anschließend gründete sie in Berlin als erste und einzige Ärztin für Geschlechtskrankheiten eine eigene Praxis, die jedoch wenig einträglich war.

Nachdem sie sich ergebnislos um eine staatliche Anstellung bemüht hatte, ging Hildegard Menzi nach Kairo, lernte dort arabisch. Bei Kriegsausbruch wurde sie von den ägyptischen Behörden sofort nach Deutschland zurückgeschickt, wo sie als Assistenzärztin an Krankenhäusern in mehreren deutschen Städten arbeitete. Schließlich gelangte sie nach München, war dort bis Kriegsende am »Krankenhaus links der Isar«,[83] beschäftigt. Wieder teilte sie das Schicksal vieler ihrer Geschlechtsgenossinnen, egal ob Arbeiterin oder Akademikerin:

> »Meine Entlassung erfolgte, weil infolge Rückkehr der Ärzte aus dem Felde unsere Weiterarbeit nicht mehr nötig war.«[84]

Hildegard Menzi nimmt begeistert an der Revolution teil und eröffnet in ihrer Wohnung in der Maximilianstraße eine Kassenarztpraxis. Unter der Eisner-Regierung wendet sie sich an das Ministerium für soziale Fürsorge und drängt auf beschleunigte Maßnahmen zur Verhütung von Geschlechtskrankheiten. Sie arbeitet genaue Pläne und Kostenvoranschläge dazu aus, gibt nicht nach, wendet sich persönlich an Kurt Eisner, tritt in die USPD ein. Sie wird Mitglied der Gesundheitskommission des Vollzugsrates der Arbeiterräte.

Im April 1919 tritt sie zur KPD über; sie ist mit ihr gegen die (erste) Räterepublik, da sie nicht vom ganzen Volk getragen sei. Sie lernt den späteren Stadtkommandanten Eglhofer kennen und versorgt ihn medizinisch. Er bezieht ein Zimmer in ihrer Wohnung.

Mit der roten Binde am Ärmel arbeitet sie als Ärztin des Stabes der Roten Armee während der Kämpfe um Dachau. Angeblich fordert sie die Truppen auf, Dachau zu verlassen – jedenfalls wird Hildegard Menzi von Förstle, einem USPD-Führer, verhaftet. Durch Intervention Eglhofers kommt sie wieder frei.

83 Es handelt sich offensichtlich um das heutige »Klinikum rechts der Isar«.
84 A.a.O., Stanw. 2127.

Nach Einzug der Regierungstruppen versteckt sich Eglhofer in der Wohnung von Hildegard Menzi. Durch Denunziation[85] erfährt die Polizei jedoch von seinem Aufenthaltsort und stöbert ihn in einer Kammer auf, wo er sich unter einem Stoß Wäsche verborgen hält. Kurz darauf wird auch Hildegard Menzi auf der Straße vor ihrer Wohnung verhaftet. Eglhofer wird halbtot geschlagen und dann erschossen, Hildegard Menzi wird der Beihilfe zum Hochverrat angeklagt: Sie habe die Anregung zu den »Geiselerschießungen« gegeben und Eglhofer versteckt.

Wahrend ihrer Haft muss sie Angst vor Rache- und Lynchaktionen der Weißen Garden gehabt haben – jedenfalls schreibt sie am 27. Juni 1919:

>»An den Herrn Vorstand in Stadelheim
>Ich beantrage bei einer eventuellen Zeugenvorführung (Kriegsgerichtsverhandlung) als Begleitung mir einen Kriminalbeamten geben zu wollen...
>Ich bitte, Soldaten als Begleitung ablehnen zu dürfen.«[86]

(Mit dieser Angst stand sie nicht allein: Zenzl Mühsam stellte ein ähnliches Ersuchen für ihren Mann Erich.)[87] Im Bericht über den Prozess, in dem Hildegard Menzis Nachbarinnen aussagen, heißt es über ihre Beziehung zu Rudolf Eglhofer:

>»Beide Zeuginnen bekunden, daß Frau Menzi die Beraterin des Eglhofer gewesen sei und daß derselbe zweifellos nur nach deren Direktiven gearbeitet habe.«[88]

Der zusammenfassende Polizeibericht über die Münchner Räterepublik schließt sich dieser Auffassung an. Unter dem Aspekt, dass eigentlich gar nicht Bayern, sondern Preußen, Russen und anderes ausländisches »Gesindel« Revolution und Räterepublik angezettelt hätten, heißt es da:

>»Selbst bei den der Räteregierung angehörenden führenden Persönlichkeiten von bayrischer Abkunft, die mehr die Rolle von Vollzugsorganen spielten, findet sich Beeinflussung durch nichtbayrische Personen. Das gilt zum Beispiel von der brutalsten

---

85 Für die Ergreifung von Toller, Levien und Leviné wurden je 10 000 bzw. 30 000 Mark Belohnung ausgesetzt. Eglhofer ist bereits tot, noch ehe auch für ihn ein Kopfgeld ausgesetzt werden kann. Großzügig wie die neuen Herrscher sind, belohnen sie trotzdem die Denunzianten und festnehmenden Polizisten mit 10 000 Mark für ihre Dienste.
86 Staatsarchiv München, Stanw. 2177.
87 Staatsarchiv München, Stanw. 2131.
88 A.a.O.

46

Erscheinung der Revolutionsepoche, von dem Matrosen und Stadtkommandanten *Eglhofer*, der ganz unter dem Bann der internationalen, russisch orientierten Ärztin *Menzi*, wohnhaft in München, stand.«[89]

Wie auch immer: Eglhofer wird in jedem Buch über die Revolution (positiv oder negativ) gewürdigt – eine solche engagierte, mutige, emanzipierte Frau wie Hildegard Menzi nicht.

Am 21. Juli 1919 wird Hildegard Menzi wegen Mangels an Beweisen freigesprochen.

6. Rätefrauen – Frauenräte

6.1 Die Beteiligung von Frauen an den Räten

Frauen sind in den verschiedenen Organen der Rätebewegung minimal vertreten. Der Zentralrat der Deutschen Republik ist ausschließlich mit Männern besetzt. Auf dem Zentralen Rätekongress im Dezember 1918 in Berlin sind von 496 Delegierten ganze zwei Frauen: Käthe Leu (USPD) und Klara Noack (SPD).

In Bayern sind die Verhältnisse folgendermaßen: Im Provisorischen Nationalrat Bayern sind im Dezember 1918 von 256 Mitgliedern acht Frauen. Es sind dies:

Hedwig Kämpfer, Kaufmannsgattin(Landesarbeiterrat/Revolutionsausschuss);

Aloisia Eberle, Verbandssekretärin (Ortskartell der Christlichen Gewerkschaften Münchens);

Helene Sumper, Hauptlehrerin a. D. (Bayrischer Lehrerinnenverein);

Marie Sturm, Bezirksoberlehrerin (Verein katholischer bayrischer Lehrerinnen);

Luise Kießelbach, Vorsitzende des Hauptverbandes bayrischer Frauenvereine (Rat geistiger Arbeiter);

Emilie Maurer (Sozialdemokratischer Frauenverein);

Rosa Kempf, Studiendirektorin a. D. (Hauptverband der bayrischen Frauenvereine);

Anita Augspurg (Verein für Frauenstimmrecht).

Auf dem Kongress der Arbeiter-, Bauern- und Soldatenräte (25.2.-8.3.1919 in München) gab es mindestens acht weibliche Delegierte:

89 Zit. nach Viesel, a.a.O., S. 787.

Anita Augspurg, Lida Gustava Heymann, Sophie Steinhaus, Thekla Egl, Hedwig Kämpfer, Frl. Kleinhaas, Sophie Setzer und Luise Mühlbauer. (Bezeichnend sind die vorgedruckten Ausweiskarten für diesen Kongress: »Herr ... aus ... ist Delegierter ...«)

Die Anzahl der weiblichen Mitglieder im Arbeiterrat München ist schwer zu eruieren, wahrscheinlich waren es drei: Hedwig Kämpfer, eine Frau Gärtner und sogar eine »1. Vorsitzende« (von was?) Jedenfalls existiert unter den Akten folgende Mitteilung:

> »Arbeiter- und Soldatenrat München, den 21. Nov. 1918
>
> Fräulein Emma Tauber [Hauber?]
>
> 1.Vorsitzende, München
>
> Im Besitze Ihres Schreibens haben wir davon Kenntnis genommen, daß sie als Arbeiterrätin gewählt wurden.
>
> Arbeiter- und Soldatenrat der Stadt München«[90]

Diese extrem geringe Zahl von Rätinnen steht im Widerspruch zu dem mannigfaltigen politischen Engagement von Frauen, das wir bisher beobachtet haben.

Eine wesentliche Ursache dafür scheint mir im Wahlrecht und in der Praxis bei den Wahlen zu den Arbeiter-und-Bauern-Räten zu liegen.

Der Münchner Arbeiter-und-Soldaten-Rat führt neun Berufsgruppen auf, deren Angehörige wahlberechtigt sind: Es handelt sich hier um typische Männerberufe. An letzter Stelle werden schließlich die »Häuslichen Dienstboten« erwähnt.[91]

Aber es gab kein einziges Dienstmädchen im Arbeiterrat, niemand scheint auch nur den Versuch gemacht zu haben, eine solche Wahl zu organisieren, obwohl Lenin in seinem berühmten Telegramm an die Räteregierung geschrieben hatte:

> »Wir bitten Sie, Sie mögen uns häufiger und konkreter mitteilen, ... ob Sie in Stadtbezirken Arbeiterräte und *Hausangestelltenräte* geschaffen haben ...«[92] (Hervorhebung d.V.)

(Das Telegramm kam allerdings erst nach Zerschlagung der Räterepublik an.)

90 Bayrisches Hauptstaatsarchiv, Arbeiter-und-Soldaten-Rat, Akte 31.
91 A.a.O., Akte 32.
92 Zit. nach: *Die Münchner Räterepublik*, a.a.O., S. 109.

Blieben noch die Arbeiterinnen in den Betrieben, von denen wir wissen, dass ihre Anzahl durch die Massenentlassungen nach dem Krieg erheblich reduziert war. Aber selbst in den Betrieben, in denen noch Frauen beschäftigt waren, sah die Wahlpraxis (ähnlich wie heute noch oft bei Betriebsratswahlen) so aus, dass vorwiegend langjährig im Betrieb arbeitende, populäre Facharbeiter gewählt wurden – alles Eigenschaften, die Frauen versagt blieben. Facharbeiterinnen gab es de facto nicht. Auch langjährige, ununterbrochene Arbeit in einem Betrieb war selten; einen Mutterschutz gab es nicht, schwangeren Frauen wurde nur allzu gern gekündigt. Und »populär« zu werden war den meisten auch nicht vergönnt; sie hatten keine Zeit, nach Feierabend mit KollegInnen am Stammtisch zu politisieren, sondern mussten nach Hause hetzen zu Kindern und Hausarbeit.

Eine Quotierung wäre also bitter nötig gewesen. Toni Sender, die Generalsekretärin des Arbeiterrates Frankfurt, hat diese Forderung auch aufgestellt.

Die breite Masse der Frauen jedoch arbeitete nicht in den Betrieben, sondern plagte sich mit dem Haushalt, Kindergebären und -erziehen ab, verdiente sich ein paar Almosen mit Putzen, Wäscherei, Botengängen usw. (Einige ihrer Nachfahrinnen von heute haben Minijobs im Rahmen des 400-Euro-Gesetzes oder arbeiten schwarz als Putzfrauen.)

Diese breite Masse der Frauen wurde ausdrücklich vom aktiven und passiven Wahlrecht zu den Arbeiterräten ausgeschlossen. Im Entwurf eines Gesetzes über die Bildung von berufsständischen Räten des Arbeiter-und-Soldaten-Rates heißt es unter § 13:

> »Von der Ausübung des Wahlrechts sind ausgeschlossen:
>
> 1. (...)
>
> 2. Familienangehörige, die ausschließlich oder vorwiegend im Haushalt der eigenen Familie beschäftigt sind.«[93]

Die Begründung dazu lautet:

> »Die Frauen werden von der Wahl nicht grundsätzlich auszuschließen (*sic* – d. V.), jedoch nur so weit zu berücksichtigen sein, als sie nicht bloß im Haushalte, sondern in wirtschaftlichen Betrieben tätig sind.«[94]

---

93 Bayrisches Hauptstaatsarchiv, Arbeiter-und-Soldaten-Rat, Akte 32.
94 A.a.O.

Die Situation war also paradox: Viele der engagierten Frauen, die während des Krieges gestreikt und später an der Revolution teilgenommen hatten, inzwischen aber entlassen waren, durften zwar das bürgerliche Parlament wählen, nicht aber die Räte, mit denen sie viel mehr sympathisierten.

Diese Regelung war jedoch nicht spezifisch bayrisch, im ganzen Reich wurden die Wahlen zu den Räten ähnlich gehandhabt. Eine Ausnahme bildete ein Hausfrauenrat in Jena, der im Frühjahr 1919 existierte und von dem die KPD-Zeitung *Tribüne der proletarischen Frau*, Nr. 2 berichtete.[95] Er versuchte gleichberechtigt mit dem Arbeiterrat, die Wiederaufnahme der Produktion und die Versorgung der Bevölkerung zu organisieren. Trotz der im folgenden besprochenen Rede von Clara Zetkin scheint dieser Frauenrat für die KPD nichts Aufsehenerregendes gewesen zu sein – sonst hätte sie ausführlicher darüber berichtet.

6.2 Exkurs: Clara Zetkin und Toni Sender zu (Haus-)Frauenräten

a) Clara Zetkin: Frauen für die Räte, die Frauen in die Räte!

Clara Zetkin, die bekannte langjährige Spezialistin für Frauenfragen in der linken SPD und späteren KPD, machte in den der Novemberrevolution folgenden Wochen und Monaten eine grundlegende Revidierung ihrer früheren Einschätzung durch. Bisher hatte sie – darin konform mit ihrer Partei gehend – die Auffassung vertreten, die Befreiung der Frau erfolge ausschließlich über den proletarischen Klassenkampf, der Sieg des Sozialismus ziehe (gleichsam automatisch) den Sieg der Gleichberechtigung der Frau auf allen Gebieten mit sich. Nur über ihre Tätigkeit als (Industrie-) Arbeiterin könne die Frau sich emanzipieren. Da als entscheidendste gesellschaftliche Einheit der Betrieb gesehen wurde, fiel der Bereich der Familie samt deren autoritär-patriarchalischen Struktur (auch bei Arbeiterfamilien!) einerseits und der dort verrichteten gesellschaftlich notwendigen (re)produktiven Arbeit der Frau andererseits aus der marxistischen Emanzipationstheorie weitgehend heraus. Hausfrauenarbeit war kein Thema, die Wechselwirkung zwischen der Notwendigkeit der Erwerbstätigkeit der Frau einerseits

---

95 Vgl. Toshiko Sumizawa, »Die Deutsche Revolution von 1918/19 und die politische und gesellschaftliche Stellung der Frau« in: *Frauenalltag und Frauenbewegung* a.a.O., S. II/5.

und der Veränderung der patriarchalischen Familien- und Haushalts-strukturen andererseits wurde nicht gesehen. Um so erstaunlicher ist es, dass Clara Zetkin Anfang 1919 schreibt:

>Wie aber steht es mit den vielen Millionen des werktätigen Volks, die nur Haus-frauen, Mütter sind? Freilich: im Sinne der bürgerlichen, der kapitalistischen Ökono-mie sind sie nicht produktiv tätig, denn sie erzeugen mit all ihren Sorgen und Mühen keinen Mehrwert, den Kapitalisten einstreichen können. Aber sie verrichten unstreitig gesellschaftlich nötige und nützlichere Arbeit als die Proletarier eines Betriebes, in dem zur Befriedigung der Modelaune reicher Müßiggänger irgendwelche greulichen Uhrkettenanhängsel fabriziert werden.«[96]

Leider wissen wir nicht, wie solche proletarischen Uhrkettenanhäng-sel-Arbeiter auf diesen Seitenhieb reagierten.

Wir wissen auch nicht, ob Clara Zetkin die Aufwertung von Haus-frauen und Müttern aus Taktik oder eigener Einsicht vornahm – oder weil es auch im revolutionären Russland Hausfrauenräte gab. Jedenfalls stellt sie keine weiteren Überlegungen an, wie die Lage von Hausfrauen und Müttern grundlegend zu ändern sei, sondern hält an dem Bild der hegenden und pflegenden Familienmutter fest:

>Massenstreiks mit ihren Opfern und Gefahren können ohne die verständnisvolle Anteilnahme auch der nicht berufstätigen Frauen nicht durchgefochten werden.«[97]

(Radikale Feministinnen wie z. B. Augspurg/Heymann hätten an die-ser Stelle vielleicht gefragt: Würden die Männer dieser Hausfrauen und Mütter auch »verständnisvolle Anteilnahme« zeigen, wenn diese mit »Massenstreiks« ihre Situation am Herd ändern wollen würden?)

Mit allen anderen Teilnehmerinnen der Revolution und Rätebewe-gung ist Clara Zetkin dagegen einig, dass die Öffentlichkeitsarbeit unter Frauen bisher vernachlässigt wurde, dass Versammlungen, Dis-kussionen, Schulungen usw. durchgeführt werden müssen. Dabei ist und bleibt das beste Mittel

>... >die Propaganda der Tat<, die einsichtsvolle und energische Vertretung aller For-derungen, die unmittelbar oder mittelbar im Interesse der Hausfrauen und Mütter liegen.[98]

---

96 Clara Zetkin, »Frauen für die Räte, die Frauen in die Räte!« in: *Arbeiterbewegung und proletarische Frauenbewegung in der Weimarer Republik*, Frankfurt 1980, S. 68.
97 A.a.O., S. 69.
98 A.a.O.

Nachfolgend stellt Clara Zetkin Überlegungen zum Wahlmodus für die Hausfrauenräte an, auch hier hin- und hergerissen zwischen feministischen und kommunistischen Positionen. Zunächst erwägt sie die Möglichkeit von autonomen Hausfrauen-und-Müttern-Listen – wie wir heute sagen würden. Sie schreibt:

>»Man könnte die nichterwerbstätigen Frauen als eine besondere Wählergruppe orts- und bezirksweise zusammenfassen und ihnen eine Zahl von Vertreterinnen in den Räten zuerkennen, die ihrem numerischen Verhältnis zu den berufstätigen Frauen und Männern entspricht. Diese Wählerinnengruppe hätte ihre Vertretung in einem eigenen, selbständigen Wahlgang zu küren.«[99]

Aber dann siegt die Kommunistin in ihr, die in diesem Modell die Gefahr der Abspaltung vom Proletarier sieht:

>»Empfehlenswerter dünkt es mir, daß die wahlberechtigten Hausfrauen und Mütter den Betrieben und Berufsgruppen ihrer Gatten zugewiesen werden, und daß innerhalb dieser Gruppen Kandidatenaufstellung und Wahl gemeinsam erfolgt.«[100]

In klassisch patriarchalischer Manier wird hier die Frau über ihren Mann definiert.

Bei aller Widersprüchlichkeit des Artikels: Es ist Clara Zetkins Verdienst, als erste das Problem der Hausfrauen und Mütter im Zusammenhang mit der Rätebewegung gesehen und sich darüber Gedanken gemacht zu haben. Sie selbst schreibt dazu:

>»Daß die Frage selbst noch nicht gestellt worden ist, beweist, wie viel und wie energisch wir arbeiten müssen.«[101]

b) Toni Sender: Die Frauen und das Rätesystem

Toni Sender (USPD) nahm führend an der Novemberrevolution in Frankfurt a.M. teil, gehörte dem dortigen Vorstand des Arbeiterrates als Generalsekretärin an und wurde 1920 Abgeordnete der USPD im Deutschen Reichstag.

Auch sie machte sich Gedanken über Frauenräte im allgemeinen und Hausfrauenräte im besonderen. Auf der Leipziger Frauenkonferenz am 29. November 1919 hielt sie eine Rede unter dem Titel »Die Frauen und das Rätesystem«.

Obwohl die Weimarer Regierung inzwischen fest im Sattel saß, setzte sich Toni Sender detailliert mit diesem Thema auseinander:

99 A.a.O.
100 A.a.O.
101 A.a.O., S. 70.

»Darum haben wir die Pflicht, uns vorzubereiten, damit der zweite Wellenschlag der Revolution uns nicht ebenso unvorbereitet finde wie es in jenen Novembertagen der Fall war.«[102]

Auf die Ereignisse von 1918/19 eingehend, kritisiert auch sie, dass so gut wie keine Frauen in den Räten tätig waren, was dringend notwendig gewesen wäre, um z. B. die Massenentlassungen von Frauen nach dem Krieg zu verhindern.

Anschließend beschäftigt sich Toni Sender mit der Frage, wie Frauen in Zukunft Frauen für die Räte gewinnen, sie dort organisieren können. (Sie rechnet ja, wie wir gesehen haben, mit dem »zweiten Wellenschlag der Revolution«.)

> »Soweit weibliche Berufstätige im Betrieb oder im Bureau in Frage kommen, ist ihre Erfassung im wirtschaftlichen Rätesystem (Betriebsräten) an der Stätte ihrer Arbeit ja ohne weiteres möglich. Aber Grundsatz müßte darum sein, daß die Frauen im Betriebsrat ihre Vertretung zum mindesten prozentual auf Grund der Anzahl der Beschäftigten erhalten müssen.«[103]

Sie fordert hier also – ihrer Zeit weit voraus – eine Quotierung. Anschließend geht sie auf die Hausfrauenfrage ein:

> »Etwas schwieriger ist allerdings schon die Lösung des Problems: *Wie erfaßt man die proletarischen Hausfrauen im Rätesystem?* Bekanntlich können das Wahlrecht zu den Räten nur solche Personen bekommen, die produktive, gesellschaftlich nützliche Arbeit leisten. Wenn nun zwar auch Hausfrauen nach kapitalistischen Begriffen insofern keine produktive Arbeit leisten, weil sie keinen Mehrwert erzeugen, so erkennen wir als Sozialistinnen selbstverständlich ihre Tätigkeit auch im Haushalt als produktiv an.«[104]

Bis hierher geht also Toni Sender mit Clara Zetkin einig. Deren Vorschlag für einen Wahlmodus zu den Hausfrauenräten (über den Betrieb der Ehemänner – s. O.) kritisiert sie dagegen entschieden, denn erstens würden die alleinstehenden Frauen und Witwen dabei weiterhin rechtlos bleiben und zweitens

> »… würde dies den Frauen zu wenig Sinn für Selbständigkeit anerziehen, wenn sie nur als die Anverwandten der männlichen Erwerbstätigen mit zur Wahl zugelassen würden. Dieses Loslösen vom engen häuslichen Rahmen und das Selbständigwerden soll aber gerade erzielt werden.«[105]

---

102 A.a.O., S. 300.
103 A.a.O., S. 310.
104 A.a.O.
105 A.a.O., S. 311.

Ebenso scharf geht sie mit dem Beschluss des Frauenreichsausschusses ihrer Partei ins Gericht, Hausfrauenlisten der USPD aufzustellen: Schließlich seien die Räte keine Parteiangelegenheit, sondern Sache

> »des gesamten revolutionären Proletariats…; angesichts der Spaltungen innerhalb der revolutionären Parteien aber müssen wir gerade danach trachten, durch das Rätesystem alle revolutionären Proletarier zusammenzuführen.«[106]

(Wie beim »Bund sozialistischer Frauen«, wie bei Thekla Egl, sehen wir auch bei Toni Sender, dass es vor allem Frauen sind, die die Einigkeit der RevolutionärInnen anstreben. Ihnen ist das Parteigezanke ihrer männlichen Genossen verhasst.)
Toni Senders eigener Vorschlag lautet:

> »Man schreitet zur Schaffung eines *Wahlverbandes der proletarischen Hausfrauen.*«[107]

Der Begriff »proletarisch« ist hier sehr weit gefasst: Wahlberechtigt sind alle Frauen, deren Haushaltseinkommen aus bezahlter Arbeit besteht, also die Professorenfrauen ebenso wie die Hilfsarbeiterfrauen. Ausgeschlossen ist dagegen die »Gattin des Fabrikbesitzers«.

Vor den eigentlichen Wahlen zu den Hausfrauenräten sollen sich die Mitglieder des Wahlverbandes gegenseitig kennenlernen, Ziele und Mittel ihres Kampfes festlegen. Warnend verweist Toni Sender auf die nach der Novemberrevolution vielerorts gegründeten Elternräte, die oft versagten,

> »weil die gewählten Personen keine Ahnung davon hatten, welche Befugnisse ihnen nun eigentlich zustehen.«[108]

Befürchtungen, die Hausfrauen-Wahlverbände würden spießige Heimchen-am-Herd-Vereine, weist Toni Sender entschieden zurück. Zu groß sei bereits jetzt

> »das Aufgabengebiet der Frauen … wie *Jugendamt-Wohlfahrtsamt-Schulamt und nicht zuletzt die noch heute existierende Sittenpolizei.*«[109]

Vor allem aber seien die Hausfrauenräte dazu berufen, grundsätzlich eine zukünftige veränderte Stellung der Frau in der Familie und im

106 A.a.O., S. 311
107 A.a.O.
108 A.a.O., S. 312.
109 A.a.O.

Haushalt zu besprechen und anzustreben. Da stehe z. B. die »Erziehung im sozialistischen Gemeinwesen« an. Die Frauen

> »müssen prüfen, wie die Gemeinschaftserziehung vom zartesten Alter an auszugestalten ist, um jedem Kinde die körperliche und geistige Pflege angedeihen zu lassen, die es ein natürliches Recht hat, von der Gemeinschaft und nicht nur von den Eltern zu verlangen.«[110]

Anschließend fragt Toni Sender:

> »›Wie soll im Sozialismus eine andere Organisation des Einzel-Haushalts vorgenommen werden?‹ ... Ist es denn wirklich so ideal, daß jede einzelne Proletarierin sich so unendlich abplagen muß in ihrem Einzelhaushalt, oftmals erst nach vollbrachter Berufsarbeit des Abends müde heimkehrend auch dann noch nicht Mensch, sondern nur Arbeitstier sein darf?«[111]

Ähnlich wie Lida G. Heymann schlägt sie vor, dass

> »nicht mehr jede einzelne Frau täglich am Kochtopf stehen muss, sondern das Gemeinschaftsprinzip zugrunde gelegt wird.«[112]

Das Wegkommen von der Einzelerziehung und vom Einzelhaushalt sieht Toni Sender als das Ziel im Sozialismus an; die Widerstände, die es dabei geben wird, sind ihr klar:

> »Ich weiß, daß wir hier mit starkem Vorurteil unserer Genossen zu rechnen haben, die glauben, sie würden von ihrer Bequemlichkeit etwas preisgeben.«[113]

Anders als Clara Zetkin sieht also Toni Sender sehr wohl die Dialektik zwischen der Erwerbstätigkeit der Frau und ihrer Stellung in Familie und Haushalt: Je weiter sich die Umgestaltung der Kindererziehung und des Haushaltes entwickle, desto mehr Zeit und Kraft habe die Hausfrau und Mutter zu außerhäuslicher Arbeit.

> »Darum wissen wir, daß die Hausfrauenverbände immer mehr zusammenschmelzen werden in dem Maße, als die Hausfrau selbst als berufstätige Frau in das Wirtschaftsleben einbezogen wird.«[114]

Letztlich ist es also das Ziel der Hausfrauenräte, ihren Berufsstand abzuschaffen.

---

110 A.a.O., S. 313.
111 A.a.O.
112 A.a.O.
113 A.a.O., S. 317.
114 A.a.O.

6.3 Anita Augspurgs Antrag auf Bildung von Frauenräten...

»Bei den Verhandlungen über Organisation und die nächsten Aufgaben der Arbeiterräte beantragten Anita Augspurg und ich im Rätekongreß: ›Ausbau und Ergänzung
des Rätesystems durch Errichtung von Frauenräten, um insbesondere auf dem Lande
der Propaganda der Reaktion durch Aufklärung und Politisierung der Frauen entge-
genzuwirken‹. Dieser Antrag kam vielen Männern unerwartet und sehr ungelegen, sie
versuchten, durch Schluß der Debatte über das Hauptthema sogar die Begründung
unseres Antrags zu verhindern, was ihnen aber infolge hartnäckigen Widerspruches
unsererseits nicht gelang.«[115]

Soweit Lida G. Heymann zu dem Antrag, der am 7. März auf dem
bayrischen Kongress der Arbeiter-, Bauern- und Soldatenräte gestellt
wurde. Hier die Begründung:

»Dr. Anita Augspurg: Verehrte Versammlung! Wir haben Ihnen den Antrag unter-
breitet auf Ergänzung des Rätesystems durch Errichtung auch von Frauenräten. Wir
haben nämlich die Beobachtung gemacht, dass in dem jetzigen Rätesystem besonders
in der Art und Weise, wie bisher die Räte zusammengekommen sind, wenige Tage
nach der Proklamierung der Republik und der Neuordnung der Dinge, daß bei
dieser Einrichtung der Räte die Frauen außerordentlich wenig zur Mitarbeit heran-
gekommen sind. In den Räten sind so gut wie gar keine Frauen vertreten. Es ist das
in den Soldatenräten selbstverständlich, in den Arbeiterräten könnte man sie zur Not
entbehren, obgleich in der Organisation der Arbeiterräte an und für sich Gelegenheit
gegeben ist für eine genügende Mitarbeit der Frauen. Aber in der jetzigen Organisation der Bauernräte kann man nach meiner Überzeugung die Frauen unter gar keinen
Umständen entbehren, weil ich in der Errichtung von Frauenräten insbesondere auf
dem Lande das einzige und das wirksamste Mittel sehe, die Macht des Zentrums auf
dem Lande zu brechen. Wir wissen alle, wie wenig jetzt die Frauen auf dem Lande an
Politik im allgemeinen teilnehmen und wie sehr sie durch die Bank die Beute der Zen-
trumsleitung sind, insbesondere der Geistlichen, die ohne weiteres – an den Wahltagen
haben wir das konstatieren und betrachten können, wie die Geistlichen nach jedem
Gottesdienste, da die Wahl jetzt in Zukunft immer an Sonntagen stattfinden wird,
nach jedem Gottesdienste, und womöglich legen sie noch ein, zwei Gottesdienste an
diesen Sonntagen mehr ein – von der Kanzel herab ihre letzten Wahlreden halten und
dann in geschlossenem Haufen die Frauen aus der Kirche zur Wahlurne führen und
sie für sich abstimmen lassen. Wir haben Gelegenheit gehabt, diese Art und Weise
der Beeinflussung der Frauen und ihre Hinführung in geschlossener Ordnung an die
Wahlurne, z. B. in Wolfratshausen zu beobachten und es wird in anderen Städten,
Märkten, Dörfern, Landgemeinden ebenso sein.

Das beste Mittel gegen diese Zustände aber werden wir in der Hand haben, wenn wir
übergehen zu der Errichtung von Frauenräten. Sie werden mir zugeben, daß an und
für sich die Männer in ihrer Masse politisch mehr vorgebildet sind als die Frauen, in

115 Heymann, a.a.O., S. 175.

dem Augenblicke wo sie das politische Recht überhaupt erst vor einigen Monaten erworben haben. Die Männer haben einen Zeitraum von zirka 50 Jahren voraus, sie haben diesen Zeitraum benutzt, sie haben sich orientiert, sind vollständig in der Politik eingearbeitet und eingeschult und wissen, was sie zu tun haben, wenn die Wahlen sind. Mit den Frauen steht es ganz anders. Die sind jetzt eben in die Politik hineingekommen und sind mehr oder weniger, auf dem Lande vor allem, die Beute derjenigen, die sie zu beeinflussen wissen, und das sind in erster Linie die Geistlichen, die die verschiedensten Hilfsmittel haben: Beichtstuhl und Aufgebot und alles mögliche, die sie auch redlich anwenden, um die Frauen nach ihrem Willen zu leiten. Wenn wir nun die Frauenräte auf dem Lande haben, dann ist das wesentlichste Mittel dafür gegeben, erst vom sozialpolitischen Standpunkte, dann vom Standpunkte der allgemeinen Politik aus, den Verhältnissen und Interessen der Frau näherzutreten. Diese Frauenräte müssen genau aufgebaut werden, wie die Arbeiter- und Bauern-Räte, auf Grund einer staatlichen Organisation, möge sie nun so bleiben, wie sie provisorisch erlassen ist oder mögen für die Bildung der Räte in Zukunft andere Verordnungen einbezogen werden, denn diese Frauenräte dürfen nicht private Angelegenheiten sein, es darf keine Vereinstätigkeit sein und sie dürfen nicht in das Belieben einzelner oder derer, die sich am meisten darum an nehmen, gestellt sein, sondern sie müssen auf öffentlich-rechtlicher Grundlage stehen. Die Frauenräte sind obligatorisch.

Ich möchte gleich vorausschicken, daß ich in den Frauenräten nur zeitlich beschränkte Einrichtungen sehe. Ich hoffe, daß sie in fünf, zehn, fünfzehn Jahren wieder verschwinden können und daß die Frauen dann soweit politisch gebildet und interessiert sind, daß sie in den allgemeinen Arbeiter- und Bauernräten mitarbeiten können und tätig sein werden. Aber für die Zwischenzeit halte ich es für notwendig, daß Frauenräte eingerichtet werden, und zwar auf öffentlich-rechtlicher Grundlage. Ich halte es für sehr nötig, daß die Frauen in ihrer Eigenschaft als Mütter imstande sind, die Erziehung und die Interessen ihrer Kinder von früher Jugend an auf die politischen Gesichtspunkte hinzulenken und ihnen die Wirksamkeit der öffentlichen Einrichtungen klarzumachen. Ich halte es für dringend notwendig, daß im allgemeinen die ganze häusliche Atmosphäre durch die Mitwirkung der Frau an der Politik mehr politisch gefärbt wird und daß die Politik im Hause Allgemeingut wird, daß sie nicht beschränkt wird auf den Verkehr der Männer im Wirtshaus, auf das Zusammenkommen der Männer untereinander. Wenn wir einmal nach der neuen provisorischen Verfassung die politischen Rechte für Männer und Frauen gleich verteilt haben, so folgt daraus mit Notwendigkeit, daß an der politischen Ausgestaltung aller Dinge die Frauen in derselben Weise interessiert und beteiligt werden müssen wie die Männer. Dazu muß die ganze häusliche Atmosphäre auf das politische Ganze hingeleitet werden. Darum wollen wir Frauenräte. Bei der Bildung der Frauenräte muß ausgeschaltet werden der Einfluß der Geistlichen und eventuell der des Bürgermeisters, der sehr oft im Zentrumssinne arbeitet und eventuell auch der Einfluß des Lehrers. Die Frauenräte sollen unter sich bleiben. Sie sollen nur aus Frauen gebildet werden und unter weiblicher Leitung stehen, um die Frauen auf dem Lande in Stand zu setzen – was sie aus eigener Kraft nicht können – , daß sie politisch aufgeklärt werden. Dafür halten wir als bestes Organ die Aufstellung einer Anzahl entsprechend politisch gebildeter und auf radikal-politischem Boden stehender Volksschullehrerinnen. Es gibt solche genug. Wenn in jedem Regierungskreise ein oder zwei solcher Volksschullehrerinnen auf eine

Anzahl von Jahren vom Schuldienste beurlaubt werden und die Aufgabe bekommen, von einer Gemeinde zur anderen Vorlesungen, gemeinverständliche politische Vorträge zu halten und die Frauen dafür zu interessieren, dann wird das Werk in kurzer Zeit getan sein. Diese Frauenräte vom Lande aus werden sich ausbauen in Bezirksräte, Kreisräte, in Zentralrat und Aktionsausschuß. Sie können dann die Frauen schon in den gemeinschaftlichen Rat mit den Männern schicken. Das wäre der wesentlichste Organisationsgang in der Zukunft.

Das ist der Zweck, den wir bei dieser Organisation im Auge haben, und ich bitte Sie dringend, unseren Antrag zu berücksichtigen und sich für ihn zu erklären. Ich hoffe, daß wir ja binnen kurzer Zeit in unserem Ministerium des Innern ein besonderes Referat für die Organisation der Räte haben werden und daß dann durch den Beschluß des jetzt tagenden Rätekongresses diesem neuen Referat des Ministeriums des Innern alsbald, schon heute die Aufgabe gestellt ist, in der bisherigen Räteorganisation die Einrichtung von Frauenräten vorzusehen und für deren Einführung Sorge zu tragen.

Ich bitte Sie, in diesem Sinne meinen Antrag anzunehmen.

(Beifall!)«[116]

Anita Augspurg konzentriert sich bei ihren Ausführungen auf die Gewinnung von Frauen vom Lande für das Rätesystem. Tatsächlich war die Bauernarbeit eine Domäne der Frauen: 1907 arbeiteten 48,5 Prozent aller weiblichen Beschäftigten im Deutschen Reich in der Landwirtschaft, aber nur 28,4 Prozent aller männlichen.[117]

Um so katastrophaler ist es, dass, soweit wir wissen, in den bayrischen Bauernräten nur eine Frau vertreten war, Frau Kleinhaas. Anita Augspurg und Lida G. Heymann hatten Erfahrung im Umgang mit Bäuerinnen und Mägden: Sie selbst hatten ein Haus in Icking bei Wolfratshausen, in dem sie, so oft es möglich war, lebten. Lebhaft verfolgten sie, was Gertrud Baer und andere Frauen, die für Anita Augspurg (sie kandidierte zu den Landtagswahlen im Januar 1919) eine Wahlkampagne in Oberbayern veranstalteten, berichteten:

»Die Frauen ... zeigten großes Interesse, richteten sachliche Fragen an die Rednerinnen, über Ehe- und Erziehungsrecht der Frau sowie ihre ökonomische Stellung im neuen Staat. Bei einigen Bäuerinnen zeigte sich das Interesse so lebendig, daß sie sich den Rednerinnen anschlossen, mit ihnen durch hohen Schnee ins nächste Dorf stapften. Sie halfen ihnen, trugen die Rucksäcke, verteilten die Flugblätter, gingen mit der Klingel von Haus zu Haus, holten die Frauen zur Versammlung.«[118]

116 Stenographischer Bericht über die Verhandlungen des Kongresses der Arbeiter-, Bauern- und Soldatenräte a.a.O., S. 179 f.
117 *Frauenalltag und Frauenbewegung*, a.a.O., S. I/7.
118 Heymann, a.a.O., S. 166.

So wie Anita Augspurg und Lida G. Heymann Erfahrungen mit Bäuerinnen hatten, so hatten sie sie auch mit Männern auf politischen Versammlungen, Sitzungen usw.: Nur zu gern ließen (lassen?) sie Frauen nicht zu Wort kommen, butterten sie unter, machten sie lächerlich. Von daher also die Forderung »Die Frauenräte sollen unter sich bleiben« in der Antragsbegründung. Anders als Clara Zetkin und Toni Sender fordert Anita Augspurg also nicht die verstärkte Beteiligung von Frauen an den bestehenden Räten, sondern unabhängige Frauenräte mit einem eigenen Zentralrat – zumindest für eine Übergangszeit von 5 bis 15 Jahren.

6.4 ... und dessen Abschmetterung

Auf Anita Augspurgs Antrag erfolgte folgende Reaktion:

»Vorsitzender SOLDMANN: Es ist ein Geschäftsordnungsantrag eingegangen:

Nachdem die Antragstellerin Gelegenheit hatte, ihren Antrag über die Errichtung der Frauenräte zu begründen, nachdem die Einigungskommission ebenfalls eingetroffen ist, wird Antrag auf Schluß der Debatte gestellt. Kraus-Fürth

Wünscht jemand gegen den Antrag zu sprechen?

(Zuruf.)

Genosse ÖRTER gegen den Antrag!

ÖRTER: Ich will nicht eigentlich gegen den Antrag sprechen; aber nachdem die Frage der Arbeiterräte von so grundlegender Bedeutung für uns ist, möchte ich Sie bitten, die Debatte über diesen Punkt jetzt wohl auszusetzen, aber morgen in der Debatte darüber weiterzufahren.

Vorsitzender SOLDMANN: Genossen! Der weitestgehende Antrag ist der auf Schluß der Debatte über diesen Punkt. Wenn Sie ihn ablehnen, können wir zu dem Eventualantrag des Genossen Örter kommen.

Wer für Schluß der Debatte ist, den bitte ich die Hand zu erheben.

(Geschieht.)

Danke Ihnen. Die Gegenprobe!

(Erfolgt.)

Danke Ihnen. Das erste war die Majorität.

Ich erteile sodann dem Genossen NIEKISCH noch kurz das Schlußwort.

NIEKISCH: Nur ein paar kurze Worte! Unter den Aufgaben der Kreisräte, von denen ich gesprochen habe, scheint mir eine sehr vordringliche auch die zu sein, daß die Kreisräte alle die Richtlinien, die hinausgegeben werden sollen, und alle Verordnungen auch zur Begutachtung vorgelegt erhalten. Wenn dies geschieht, können manche Dummheiten und Fehler vermieden werden, auf die man bisher immer hereingefallen ist. Nur noch ganz kurz zu dem Antrage, der in diese ganze Frage hereingekommen ist, bezüglich Bildung von Frauenräten. Genossen! Ich glaube, so, wie dieser Antrag hier ist, können wir nicht viel mit ihm anfangen. Diese ganze Frage der Frauenräte hat nach meinem Dafürhalten grundsätzliche Bedeutung. Wir brauchen schon einen ausgearbeiteten Plan, wir brauchen schon ins einzelne gehende Vorschläge, um hier abstimmen und entscheiden zu können. Ich meine, wir sollten diesen Antrag hier als eine Anregung auffassen, dieser Frage der Bildung von Frauenräten näherzutreten. Nach diesem Antrage wäre es z. B. für mich unmöglich zu entscheiden, wie diese Räte zusammengesetzt werden sollen. Genossin Augspurg spricht von Volksschullehrerinnen. Ja, ich meine, die Mütter, die verheirateten Frauen haben zum mindesten ein ebensolches Recht wie Volksschullehrerinnen, Mitglieder dieser Frauenräte zu sein.

(Zuruf.)

Ich will damit in keiner Weise einer Entscheidung vorgreifen, sondern ich will lediglich sagen, daß man hier eine ganze Reihe von Bedenken vorzubringen vermag, und aus dem Grunde meine ich, diesen Antrag auffassen zu sollen, als eine Anregung, die vielleicht den Aktionsausschuß anspornen muß, dafür zu sorgen, demnächst einen ins einzelne gehenden Plan auszuarbeiten und dem Rätekongreß vorzulegen.

(Zustimmungsrufe.)

Vorsitzender SOLDMANN: Ist die Antragstellerin mit den letzteren Ausführungen des Genossen Niekisch einverstanden?

(Zuruf: Durchaus nicht!)

Dann müssen wir wohl oder übel über den Antrag abstimmen lassen.

(Zuruf.)

In die Debatte können wir nicht mehr eintreten.

(Zuruf.)

Genossin! Es geht nicht anders. Es ist Schluß der Debatte beschlossen worden; der Referent hat das Schlußwort gehabt. Wir haben gehört, wie der Antrag begründet wurde und haben die Darlegungen des Genossen Niekisch gehört. Wir kommen zur Abstimmung.

Der Antrag lautet wörtlich:

Ausbau und Ergänzung des Rätesystems durch Errichtung von Frauenräten, um insbesondere auf dem Lande der Propaganda der Reaktion durch Aufklärung und Politisierung der Frauen entgegentreten zu können.

Wer für diesen Antrag ist, den bitte ich die Hand zu erheben.

(Geschieht.)

Ich danke Ihnen. Gegenprobe!

(Erfolgt.)

Der Antrag ist abgelehnt. Ich möchte aber beifügen, daß trotzdem dieser Antrag dem Aktionsausschuß als Anregung und zur Beratung übermittelt werden wird.

Genossen! Wir kommen nun zum nächsten Punkt der Tagesordnung, das ist der Bericht der Kommission, die im Gewerkschaftshause tätig gewesen ist.

Ich erteile dem Berichterstatter, Genossen Hofmann, das Wort.«.[119]

Lida G. Heymann kommentiert

»Unter völlig nichtigen Gründen wurde der Antrag abgelehnt. Der Vorsitzende, Sollmann [richtig: Soldmann – d. V.] erklärte, wohl um den wenig angenehmen Eindruck ein wenig zu verwischen: ›Der Antrag ist abgelehnt. Ich möchte aber beifügen, daß dieser Antrag trotzdem dem Aktionsausschuß als Anregung und zur Beratung übermittelt wird.‹ Somit war das Begräbnis ›durch den Pomp erster Klasse‹ beschönigt.«[120]

Es war die sozialdemokratische Mehrheit auf diesem Kongreß, die diesen Antrag abwürgte und die immer wieder für Turbulenzen sorgte, z. B. als sie – vergeblich – versuchte, die Gruppe um Erich Mühsam und Gustav Landauer von dem Kongreß auszuschließen. Erich Mühsam sagte dazu am letzten Tag des Rätekongresses:

»Vorerst wird hier nicht so gehandelt, wie Räte, wie Vertreter eines neuen Revolutionsprinzips in der Revolution zu handeln haben, sondern wenn ein Antrag von der rechten Seite begründet wird, so wird er angenommen. Ein schlagendes Beispiel für das, was ich Ihnen sage, ist die Ablehnung des Antrags ›Augspurg‹, die Sie sich gestern geleistet haben, eines Antrags, der Sie zu nichts verpflichtet hätte, der das Selbstverständlichste der Welt bedeutet hat, nämlich einfach die Gleichberechtigung der Frauen... Sie haben ihn abgelehnt und ich sage Ihnen ganz offen, Sie haben ihn deswegen abgelehnt, weil Genosse Niekisch formale Bedenken dagegen hatte. Sie haben einfach gesagt: Niekisch spricht dagegen, infolgedessen wird der Antrag abgelehnt.«[121]

Später schrieb Erich Mühsam zu dem Vorfall:

»Der Antrag Augspurg-Heymann wurde – bezeichnend genug – nur von uns ganz Linken unterstützt. Die Gemäßigten, die im Kongreß die Mehrheit bildeten, mochten eine Befreiung der Frau gerade in ihrem Geschlechtswillen als Wirkung der politischen Verselbständigung ahnen; sie brachten den Antrag zu Fall.«[122]

Tatsächlich gingen auf diesem Kongreß – und nicht nur da – die Feministinnen meist mit den Linksradikalen zusammen und umgekehrt – gegen die Schaukelpolitik der SPD. Die Frauen stimmten z. B. gegen den von der Mehrheit am 8. März beschlossenen Antrag, ein vom Landtag zu bestätigendes sozialistisches Ministerium zu schaffen, bei

119 Stenographischer Bericht... a.a.O. S. 180 f.
120 Heymann, a.a.O., S. 176.
121 A.a.O., S. 183.
122 Zit. nach Viesel, a.a.O., S. 197.

dem die Räte kaum noch Macht, sondern nur noch das Recht hatten, Beschwerden, Eingaben und Gesetzentwürfe einzureichen.

Lida G. Heymann ergriff dazu das Wort:

> »Verehrte Versammlung! Ich fühle mich gedrungen, mit den vielen Frauen hier eine kurze Erklärung abzugeben. Der Kompromißantrag, der hier angenommen worden ist, ist von vielen aufrechten Frauen als ein Schlag ins Gesicht empfunden worden; denn wir sind überzeugt, wir Frauen, die wir neu in das politische Leben hinaustreten, wollen keine Kompromisse mehr.«[123]

Frauenräte nach der Vorstellung Augspurg/Heymann wurden also nicht gegründet. In den Unterlagen des Arbeiter-und-Soldaten-Rates befindet sich jedoch ein undatiertes, nicht unterzeichnetes Schriftstück mit der Überschrift »Bayrischer Frauenräte«. Dieser Rat soll von allen Frauenorganisationen mit mehr als 100 Mitgliedern gewählt werden. Nachdem die bekannten Frauenforderungen aufgeführt werden, heißt es in dem Papier:

> »Der Frauenrat bekennt sich nicht zu irgendeiner Parteirichtung oder Konfession, er vertritt vielmehr die allen Frauen gemeinsamen Forderungen an Staat, Gemeinde, Gesellschaft und Familie.«[124]

Bei dem programmatischen Entwurf scheint es jedoch geblieben zu sein.

7. Das Ende: Frauen auf den Friedhöfen und in den Gefängnissen

Die Vertreibung der weißen Truppen aus Dachau konnte die endgültige Zerschlagung der Räterepublik nur um wenige Tage verzögern. Ernst Toller, der Oberkommandierende in Dachau, schreibt zu den Kämpfen:

> »Als das Gefecht einsetzt, stürzen sich die Arbeiter und Arbeiterinnen der Dachauer Munitionsfabrik auf die weißen Soldaten, *am entschlossensten sind die Frauen*. Sie entwaffnen die Truppen, treiben sie vor sich her und prügeln sie aus dem Dorf hinaus.«[125] [Hervorhebungen d. V.].

Letztendlich konnten sich jedoch die paar tausend roten Soldaten gegen die 100 000 Mann, die der Regierung Hoffmann inzwischen zur Verfügung standen, nicht behaupten. Aus diesem Grund hatten Anita

123 Heymann, a.a.O., S. 197.
124 Bayrisches Hauptstaatsarchiv, Arbeiter- und Soldatenrat, Akte 2.
125 Zit. nach *Die Münchner Räterepublik*, a.a.O., S. 100.

Augspurg und Lida G. Heymann eine Unterredung mit Levien, sowie Gertrud Baer und Hedwig Kämpfer mit Leviné. Die Frauen wollten die KPD-Führer davon überzeugen, dass es besser sei, mit den Weißen zu verhandeln, als es auf ein Blutbad ankommen zu lassen. Lida G. Heymann berichtet über das Gespräch mit Levien:

>»Aber alles war vergeblich, dieser Gewaltmensch war keiner Logik und Vernunft zugänglich. Er pries die russischen Revolutionärinnen, die mit der Waffe in der Hand den Kampf für die russische Revolution aufgenommen hätten, schüttete allen Hohn und Spott auf die deutschen Frauenrechtlerinnen und Pazifistinnen aus.«[126]

Leviné verhielt sich ähnlich.
Lida G. Heymann fährt fort:

>»Erreicht war nichts, und mit dieser trostlosen Botschaft kehrten wir zu den Frauen zurück, die sich spät abends in unserer Wohnung in der Kaulbachstraße versammelten. Wir gaben uns nicht geschlagen und kamen zu dem Schluß, selbständig mit der roten und weißen Armee zu verhandeln. Eine der Mitarbeiterinnen verschaffte sich ein Auto und fuhr mit Hedwig Kämpfer unter erheblichen Schwierigkeiten zu den roten und dann zu den weißen Truppen. Beim Führer der Roten fanden sie Entgegenkommen; er gab ihnen sicheres Geleit zum Kommandanten der Weißen, bei dem sie keinerlei Gehör fanden. So schlug auch dieser letzte Versuch fehl! Es folgte, was folgen mußte, ein scheußliches Blutbad ward in München veranstaltet.«[127]

Wie viele tote Frauen unter den Opfern waren, wissen wir nicht. Jedenfalls schreckten die weißen Garden nicht davor zurück, Frauen zu ermorden. Erich Mühsam berichtet von standrechtlichen Erschießungen spartakistischer Frauen im Stadelheimer Gefängnishof:

>»Dort haben die weißen Pelotons zu wiederholten Malen die ersten Schüsse auf die Geschlechtsteile von Frauen und Mädchen gezielt, in anderen Fällen die Exekution vollzogen, indem sie zuerst in die Beine, dann in den Unterleib schossen und sich an den Qualen der langsam verendenden Opfer weideten. Leider sind diese entsetzlichen Dinge, für deren Wahrheit Zeugen beizubringen sind, selbst von den frömmsten Staatsschützern stets unterdrückt worden.«[128]

Eine der als Spartakistin erschossenen Frauen war die 23-jährige Marie Kling, die bei den Kämpfen um München Sanitätsdienste geleistet hatte.

126 Heymann a.a.O., S. 179.
127 A.a.O., S. 180.
128 Erich Mühsam, »Räterepublik und sexuelle Revolution«, in: Viesel, a.a.O., S. 200.

Die Leichen wurden auf den Ostfriedhof gebracht; dazu schrieb Oskar Maria Graf:

> »Ich sagte, was ich auf dem Ostfriedhof gesehen hatte. ›Ja, das sind die sogenannten standrechtlichen Erschossenen‹, meinte ein anderer Kamerad. ›Gell, Weiber hast du unter den Toten gar nicht gesehen?‹ ›Nein.‹ ›Die hat man weggeräumt, daß es nicht so feig aussieht‹, sagte er.« [129]

Nach dem Blutbad breitet sich eine Welle des Denunziantentums aus; infamste Gerüchte über die »Roten« – viele von ihnen sexueller Art – werden in die Welt gesetzt, so z. B. über Leviné, von dem behauptet wird, er habe die gefangene Sekretärin der Thule-Gesellschaft, Gräfin Westarp, vergewaltigt. (Leviné hatte erwiesenermaßen weder mit der Festnahme noch mit der Erschießung der sogenannten Geiseln das Geringste zu tun.)

Nach der Denunziantenwelle rollte die Prozesswelle. Einige Verfahren gegen Frauen sind hier schon erwähnt worden. Über ein besonders krasses Beispiel von Männer- und Klassenjustiz soll jedoch noch berichtet werden:

Im Mai 1919 steht die 30-jährige Münchner Näherin Anna Bechter vor dem Standgericht.

> »Sie erscheint dringend verdächtig, einer Reihe von Personen, die im April 1919 die Verfassung des Volksstaates Bayern gewaltsam zu ändern unternahmen, wissentlich dadurch Beihilfe geleistet zu haben, daß sie am 2. Mai 1919 nachmittags, als an der Ecke der Mars- und Seidlstr. zwischen Rotgardisten und Regierungstruppen Kämpfe im Gang waren, zur Unterstützung der Rotgardisten eingriff in der Weise, daß sie vom Fenster ihrer Wohnung, Marsstr. 12/III aus den kämpfenden Rotgardisten den Standort von Angehörigen der Regierungstruppen zurief und sie zum Schießen auf Regierungstruppen-Angehörige ermunterte.
>
> Diese Handlungen bilden den Tatbestand eines Verbrechens der Beihilfe zu einem Verbrechen des Hochverrats gemäß § 81 Ziff. 2. 49 R.St.G.B.« [130]

Es waren leider Frauen, Nachbarinnen, die Anna Bechter angezeigt haben. Sie sagten als Zeuginnen vor Gericht aus, sie habe den Rotgardisten aus dem Fenster zugerufen: »Obacht, da kommens her, da schießt hin!« Als ein Weißgardist getroffen war, habe sie gerufen: »Jetzt hat's einen erwischt!«

---

129 Oskar Maria Graf, »Zelle dreizehn«, in: *Wir sind die Rote Garde*. Sozialistische Literatur 1914-1935, Frankfurt am Main 1974, S. 145.
130 Staatsarchiv München, Stanw. 1961.

Das am 14. Juni 1919 verkündete Urteil lautet: Drei Jahre Zuchthaus – für erregte Rufe aus dem Fenster! Nicht einen Tag vor Ablauf dieser Strafe, am 14. Juni 1922, wird Anna Bechter aus dem Frauengefängnis Aichach entlassen.

Aber nicht nur die inhaftierten Frauen, auch die Frauen, deren Männer in den Gefängnissen saßen, erlebten schlimme Zeiten und – wehrten sich. Oskar Maria Graf berichtet über die Augusttage 1919:

> »In den Gerichtssälen wurden Tag für Tag ehemalige Räterepublikaner abgeurteilt. Hier und andernorts saßen Hunderte und aber Hunderte in den Gefängnissen. Ihre Frauen liefen den ganzen Tag, um irgendetwas Eßbares zu ergattern. Abgehetzt und verstört kamen sie auf die Polizei oder in die Amtszimmer, wurden zurückgewiesen und fingen mit einer verzweifelten Heftigkeit zu schimpfen an, zu weinen und zu schreien. In den Gängen der Wohlfahrtsämter warteten diese hungernden, verratenen, verlassenen Frauen stunden- und stundenlang. Zum Schluß wurden sie von einem überanstrengten, cholerischen Beamten abgefertigt oder einem anderen Amt überwiesen. Sie rotteten sich zusammen und demonstrierten tollkühn. Sie wichen nicht, wenn die Schutzleute auf sie einschlugen. Um und um blutend, mit aufgelösten Haaren, am ganzen Körper zitternd, wurden die wildesten abgeführt. Sie hörten nicht auf zu bellen, warfen die Fäuste, fluchten und verwünschten und wurden noch mehr geschlagen. Empörte spien aus den Fenstern auf die Polizisten. Kinder liefen schreiend hinter den verhafteten Müttern her. Ewig wogte dieses Heer der Verbitterten. In jedem Arbeitergesicht stand die Rache.«[131]

Und Lida G. Heymann berichtet über das Ende:

> »Ende Mai war in Bayern die Ruhe wieder hergestellt ... aber es war jene Kirchhofsruhe, die alle Krankheiten einer unheilschwangeren Zeit in sich trägt.«[132]

131 Oskar Maria Graf, »Mach ma hoit a Revoluzion«. Textmontage aus seinen autobiographischen Schriften, in: Viesel, a.a.O., S. 118 f.
132 Heymann, a.a.O., S. 181.

Teil II

1. Die unbekannten Revolutionärinnen von 1918/1919:

Gabriele Kaetzler, ihre Töchter und ihr Umkreis

Briefwechsel zwischen Frauen vom Ammersee, aus München, Berlin und Bremen (Dokumente aus Polizeiakten)

Ich war in der Revolutionsnacht am 7. November fast dauernd auf der Straße... Als ich das »Es lebe die Republik! Es lebe die Revolution!« hörte, da hatte ich gleich das Gefühl: Diese Menschen sind fähig, wirklich die Revolution zu machen! ...
Gesprungen & gejubelt haben wir, und in die Arme sind wir uns gefallen in jener Nacht.

Hilde Kramer (1918)

1. Vorbemerkung

Über die Aktivitäten der Gabriele Kaetzler, ihrer Kinder sowie Freundinnen und Freunde zu Zeiten der bayrischen Räterevolution sind wir – Zynismus der Geschichte – nur informiert durch die Gegner und Feinde eben dieser revolutionären Bewegung: durch Polizei, Staatsanwälte und Lockspitzel.

Bei den folgenden Dokumenten handelt es sich vorwiegend um Briefe, die bei Hausdurchsuchungen im Mai 1919 in Gabrieles Kaetzlers Haus in Riederau am Westufer des Ammersees beschlagnahmt wurden, aber auch um Fahndungsaufrufe, Aktennotizen und Vernehmungsprotokolle, die noch heute in den staatlichen bayrischen Archiven lagern.

Redaktionelle Anmerkung:
Den Briefen liegen teilweise die handschriftlichen Originale, teilweise die Abschriften der Polizeidirektion München zugrunde. Sinnentstellende Fehler wurden verbessert, Kürzungen durch ..., unleserliche Stellen durch (?) kenntlich gemacht.

Sofern nicht anders angegeben, stammen sämtliche Dokumente aus dem Depositum Gabriele Kaetzler, Staatsarchiv München (Stanw. 2677, Pol. Dir. 10.087). Für die Abdruckgenehmigung herzlichen Dank.

2. Absender und Adressaten der Briefe

Gabriele Kaetzler (1872 Berlin – 1954 Zürich)
Sie ist eine Tochter des Admirals Freiherr von der Goltz und seiner ebenfalls adligen Frau und wurde streng aristokratisch erzogen. Als sie sich, wie sie selbst sagt, mit 17 oder 18 Jahren »zur sozialistischen Anschauung« bekennt, zerwirft sie sich mit ihrer Familie, die sie endgültig verstößt, als sie einen »Bürgerlichen«, einen Professor der Neuphilologie, heiratet. Gabriele selbst wird Lehrerin.

1908 zieht sie mit ihrem Mann und ihren sechs Kindern nach Bayern, nach Riederau am Ammersee. Ihr Mann ist lange und schwer krank und ohne Verdienst. Gabriele muss mehr oder weniger allein die Kinder auf- und erziehen, den kranken Mann pflegen und den Lebensunterhalt für die Familie verdienen. Sie eröffnet ein Kinderheim, in dem die Kinder liberal und freizügig erzogen werden. (In der Nachbarschaft erregt sie 1913 Anstoß, weil sie im Sommer Buben und Mädchen gleichermaßen nackt im Garten herumlaufen lässt.)

1910 nimmt sie ein weiteres Kind in Pflege, die 10-jährige Waise Hilde Kramer aus Sachsen. Als das Kinderheimprojekt scheitert, verdient sie während des ersten Weltkriegs Geld, indem sie über Land fährt und bei den Bauern Lebensmittel für den Kommunalverband Landsberg am Lech einkauft und verwaltet. (Kommunalverbände waren kriegsbedingte Erfassungs- und Verteilungsstellen der rationierten Lebensmittel in und nach dem Ersten Weltkrieg.)

Im Sommer 1918 verbringt Robert, der kränkliche Sohn von Sophie (genannt »Sonja«) und Karl Liebknecht bei ihr einen Erholungsurlaub, später kommt auch sein Bruder Wilhelm (»Helmi«) nach Riederau. An der Revolution und der Räterepublik nimmt sie zusammen mit ihren älteren Kindern lebhaft Anteil.

»Die Familie Kaetzler ist bei jeder Demonstration, welche in München stattgefunden hat, anwesend gewesen«, heißt es später bei der Fahndungsabteilung der Stadtkommandantur. Im Oktober 1918 stirbt Gabrieles Mann. Im März 1919 tritt sie in die KPD ein. Ständig organisiert sie für ihre älteren Töchter, die nicht mehr zu Hause leben, Lebensmittel und Brotmarken, schickt sie Pakete an die mit ihr befreundete Gruppe Bremer Kommunisten.

Fite (eigentlich: Frida) Kaetzler (1898 Berlin – 1956 bei Zürich)
Sie ist die älteste Tochter von Gabriele und besucht von 1916 bis 1918 die Münchner Lehr- und Versuchsanstalt für Photographie; hier absolvierte auch Germaine Krull, die später eine berühmte Fotografin werden sollte, 1917 ihre Abschlussprüfung. Während der Revolutionszeit lebt Fite als »Laboratoriumsgehilfin« in Jena und wird dort Mitglied der USPD. Im Frühjahr 1919 geht sie wieder nach München.

Wise (eigentlich: Luise) Kaetzler (1899 Berlin – 1977 Böblingen).
Die zweite Kaetzler-Tochter arbeitet gegen Ende des Ersten Weltkriegs als Röntgenassistentin bei einem Dr. Hirsch in Berlin. Ab Oktober 1918 betätigt sie sich durch Vermittlung von Sophie Liebknecht zusätzlich in der »Rosta«, dem Berliner Büro der Petersburger Telegraphenagentur der Sowjetunion. Hier lernt sie den späteren Münchner Revolutionsführer Eugen Leviné kennen, der in der »Rosta« als Redakteur arbeitet. Im Frühjahr 1919 geht auch Wise wieder nach München und erhält dort über Hilde Kramer (s.u.) eine Stelle als Kontoristin bei der *Roten Fahne*, der Zeitung der um die Jahreswende 1918/19 gegründeten KPD. Im März 1919 wird Wise deren Mitglied.

Stasi oder Stasy (eigtl: Anastasius) Kaetzler (1902-1970 (?) Mexiko)
Stasi ist der älteste Sohn von Gabriele Kaetzler. Zur Zeit der Revolution
ist er noch Schüler, aber ebenso wie seine älteren Schwestern bereits
politisch aktiv.

Hilde Kramer (1900 Ilmenau – ca. 1990 Chicago (?))
Sie ist ein Pflegekind von Gabriele Kaetzler, besucht ab 1915 eine
Schule in Ilmenau und anschließend Handelskurse in München. Sie ist
gerade 18 Jahre alt, als die Revolution ausbricht. Von Gabriele Kaetzler
bereits im sozialistischen Geist erzogen, nimmt sie voller Enthusias-
mus an den Münchner Ereignissen teil, übernimmt sofort Schreibarbeiten bei den neu gegründeten Räten. Sie wird Gründungsmitglied der
von Erich Mühsam ins Leben gerufenen »Vereinigung Revolutionärer
Internationalisten Bayerns«, unterzeichnet auch ein Flugblatt dieser
Gruppe (s.S. 102). Nach Gründung der KPD um die Jahreswende
1918/19 wird Hilde deren Mitglied. Am 10. Januar 1919 wird sie zusammen mit Mühsam, Sontheimer, Leviné und anderen Anarchisten und
Kommunisten von der Eisner-Regierung verhaftet, am Abend jedoch
auf Druck aufgebrachter DemonstrantInnen wieder freigelassen.
   Hilde Kramer ist (mit einem gewissen jugendlich-radikalen Über-
schwang und Pathos) unermüdlich politisch aktiv, erledigt Kurierdienste und Schreibarbeiten aller Art, verteilt gefälschte Pässe, ist
Berichterstatterin der *Roten Fahne*.

Lotte (eigentlich: Charlotte) Kornfeld (1896 Berlin – 1974)
Sie war Zögling des Landeserziehungsheim Birkenwerder bei Berlin,
wo sie den Revolutionär Karl Radek kennenlernte, für den sie eine
schwärmerische Bewunderung hegte und für den sie schon mit jungen
Jahren Kurierdienste übernahm. 1916 lernt sie Johann Knief (s.u.)
kennen und lieben und gibt mit ihm die linksradikale Wochenschrift
Arbeiterpolitik heraus, die sich scharf von der SPD abgrenzt. Zusammen mit Johann Knief nimmt sie führend an der Bremer Revolution
teil, wird sie Mitglied der KPD.

Johann Knief (1880 Bremen – 1919 Bremen)
Knief, ursprünglich sozialdemokratischer Lehrer, ist eine der führen-
den Persönlichkeiten der Revolution in Bremen. Die von ihm und Lotte
Kornfeld herausgegebene Wochenzeitung *Arbeiterpolitik* ist weit über
die Grenzen Bremens hinaus bekannt; 1918 wird sie in eine täglich

erscheinende Flugschrift *Der Kommunist* umbenannt. Im Januar 1919 wird Johann Knief zum Volksbeauftragten der Bremer Räterepublik gewählt. Er ist verheiratet und Vater mehrerer Kinder. Ab 1916 bis zu seinem frühen Tod am 6. April 1919 hat er eine enge Liebes- und Arbeitsbeziehung zu der 16 Jahre jüngeren Charlotte Kornfeld.

Sonja (eigentlich: Sophie) Liebknecht (1884-1964)
Die gebürtige Russin ist promovierte Kunsthistorikerin und zweite Ehefrau des Spartakisten und KPD-Führers Karl Liebknecht. Ursprünglich SPD-Mitglied, gründet sie 1918 zusammen mit ihrem Mann die KPD. Ihre Söhne Robert (1903-1994) und Wilhelm (1901-1975) verbringen 1918 Erholungsurlaube bei den Kaetzlers in Riederau.

Sophie Liebknecht ist die Adressatin der berühmten »Briefe aus dem Gefängnis« von Rosa Luxemburg.

Wann und wie die Kaetzlers Karl und Sophie Liebknecht sowie Johann Knief und Lotte Kornfeld kennenlernten, war bisher nicht zu eruieren. Vielleicht kannte Gabriele Kaetzler die Liebknechts noch aus Berliner Tagen, also der Zeit vor 1908. Vielleicht hat sie Sophie Liebknecht auch 1917 während deren mehrmonatigen Sanatoriumsaufenthalts in Ebenhausen im Isartal kennengelernt. Eine Verbindung ist auch über die kommunistische Reformpädagogin Frieda Winckelmann denkbar, die Gabriele Kaetzler offenbar schon länger kannte und die wiederum im Landerziehungsheim Birkenwerder in Berlin arbeitete, in dem Lotte Kornfeld Zögling war. Der Kontakt der Kaetzlers zu der Gruppe der Bremer Linksradikalen könnte aber auch über Erich Mühsam zustande gekommen sein, der Johann Knief bereits 1916 kennenlernte.

3. Briefe und Dokumente 1918 bis 1919

Eines der ersten überlieferten Dokumente, das Gabriele Kaetzlers politische Aktivitäten belegt, ist ein 15-seitiges Dossier der Polizei vom Februar 1918 an das Königlich Bayrische Kriegsministerium. Aus ihm geht hervor, dass sie Johann Knief und Charlotte Kornfeld, die sich 1917 unter falschem Namen in Bayern aufhielten, Unterschlupf gewährte und sie mit Lebensmitteln versorgte. Der von einer Denunziantin alarmierten Polizei kann das Liebespaar jedoch erfolgreich weismachen, dass es die falschen Namen nur gewählt habe, um vor den Nachstellungen der eifersüchtigen Ehefrau Kniefs sicher zu sein. Beide machen sich aus dem Staub, werden aber während der Januarstreiks 1918 in München erneut festgenommen und nach Berlin überführt.

Polizeibericht

München, den 25. Februar 1918

Zentralpolizeistelle Bayern

An das K.B. Staatministerium des I n n e r n
An das K.B. Kriegsministerium in M ü n c h e n
Geheim

Betreff:
K n i e f, Johann Heinrich, früher Lehrer jetzt Schriftsteller, getrennt-
lebend, evang., geboren am 20.IV.1880 zu Bremen...
K o r n f e l d, Charlotte, Baumeisterstochter, ledig, mosaisch, geboren
am 13. Oktober 1896 zu Berlin-Charlottenburg, preussische Staatsan-
gehörige...

<u>wegen Verdachts des Landesverrats</u>

Seit 26.IX.1917 wohnte mit Unterbrechungen bei der Gärtnersfrau
Maria G e i s s in Utting am Ammersee eine angebliche Getrud M ü l -
l e r ..., zu der sich nach einigen Tagen ein Mann gesellte, der sich der
Geiss gegenüber als der Ehemann der Müller vorstellte...
Der Mietgeberin ist aufgefallen, dass sich Beide nicht zum Milch- und
Fettbezug meldeten, wie dies bei allen Sommergästen üblich ist.
In der Schublade des Nachtkästchens will Frau Geiss eine Druck-
schrift »Revolutionäre Arbeiterbewegung« und ein Testament gesehen
haben, nach welchem die Schreiberin eine Baumeisterstochter Charlotte Kornfeld ... sei und ihr Vermögen von 40 000 M der sozialdemokra-
tischen Arbeiterpartei vermache...
Die teilweise bessere Leibwäsche der angeblichen Müller war mit »C.
Kornfeld« gezeichnet....
Diese Wahrnehmungen gaben Frau Geiss Veranlassung, der Gendar-
merie Mitteilung zu machen.
...
Als Deckadresse hat Knief in Berlin eine gewisse »Genia«, in München eine gewisse »Gabriele« benutzt... Die Zentralpolizeistelle Bayern konnte ermitteln, dass »Gabriele« zweifellos personengleich ist mit
Gabriele K ä t z l e r, geborene von der Golz ..., wohnhaft in Riederau

am Ammersee. Sie ist Leiterin der Sammelstelle des Kommunalverbands Landsberg/Lech und betreibt einen schwunghaften Schleichhandel mit Lebensmitteln. Dem Kommunalverband Landsberg wurde hiervon telephonisch Kenntnis gegeben...

Knief und Kornfeld haben seinerzeit einige Tage bei ihr unangemeldet gewohnt. Sie erklärte auf wiederholtes Befragen, den Aufenthalt des Knief und der Kornfeld nicht zu kennen.

Weiter wurde festgestellt, dass Knief und Kornfeld während ihres Aufenthalts in Utting von Frau Professor Gabriele Kätzler in Riederau mit Lebensmitteln unterstützt wurden.

...

Die K. Staatsanwaltschaft beim K. Landgerichte München I hat die Verhandlungen über Knief und Kornfeld dem Herrn Oberreichsanwalt vorgelegt.

Etwa ein Jahr später, Ende September 1918, wird bei Gabriele Kaetzler wieder um »Asyl« nachgefragt, diesmal von Sonja Liebknecht. Ihr Sohn Robert und später auch ihr Sohn Wilhelm (»Helmi«) hatten sich bereits im Sommer in ihrem Haus in Riederau aufgehalten. Aus dem Zuchthaus hatte der Vater Karl Liebknecht in einem Brief Helmi für diese Reise in den »bayrischen Wald« gute Ratschläge erteilt:

»Schone die Leute in Politics (natürlich unter fester Wahrung deines Standpunktes), wenn sie so harmlos und unpolitisch sind wie ich vermute.«[1]

Wir wissen nicht, wie gut Liebknecht Gabriele Kaetzler tatsächlich kannte und ob er sie wirklich für so »unpolitisch« hielt. Vielleicht bediente er auch einfach das Klischee »Frau + bayrisches Hinterland = unpolitisch«. Unbekannt ist auch, ob die im folgenden Brief erwähnte junge Frau tatsächlich in Riederau »Asyl« fand.

---

1 Karl Liebknecht, *Briefe an seinen Sohn Helmi*, Weimar 1947, S. 31.

Sonja Liebknecht an Gabriele Kaetzler

Berlin-Steglitz, Bismarckstr. 75.
30.IX.18

Liebe Frau Kaetzler!
Heute schreibe ich Ihnen mit einer großen Bitte und hoffe, daß Sie mir bald antworten werden. Es handelt sich um folgendes: eine junge Frau erwartet ein uneheliches Kind. Sie ist nicht getraut – muß aber einige Monate hier weg, damit die Sache vorläufig nicht bekannt wird. Sie möchte auf dem Lande leben, muß aber in ihrer Nahe eine sie verstehende Frau haben, die ihr nicht viel Zeit, aber Verständnis und Güte entgegenbrächte. Mir liegt sehr daran, ihr zu helfen, und ich dachte sofort an Sie, liebe Frau Kaetzler. Könnte die junge Frau nicht in Riederau leben und in Ihnen die passende verständnisvolle Freundin finden? Sie verfügt über ungefähr 200 M monatlich.

Ihre Tochter Wise kommt öfter zu mir und ich freue mich jedesmal über ihre Frische, ihre Schönheit und Lieblichkeit. Sie ist vorläufig mit ihrer Arbeit[1] ganz zufrieden – ich freute mich, daß sie dort angenommen wurde – weil es ihr doch besser gefällt als in einem Büro.

Bitte, liebe Frau Kaetzler, schreiben Sie mir gleich und hoffentlich bejahend.

Ich grüße Sie herzlichst
Ihre S. Liebknecht

Wenige Monate, nachdem Sonja Liebknecht diesen Brief schrieb, am 15. Januar 1919, wird ihr Mann Karl Liebknecht ermordet.

---

1   Sonja Liebknecht hatte Wise Kaetzler eine Halbtagsstelle in der »Rosta« vermittelt.

Die letzten Tage des 1. Weltkriegs verbringt Gabriele Kaetzler zusam-
men mit ihrem schwerkranken Mann und ihren vier jüngsten Kindern
ziemlich zermürbt in Riederau. Sie schreibt einen resignierten Brief an
ihre älteste Tochter Fite nach Jena:

Gabriele Kaetzler an ihre Tochter Fite

(ohne Ort und Datum,
wahrscheinlich Riederau,
Anfang Oktober 1918)

Mein liebes Fitchen!

Das geht doch nicht, daß Du Weihnachten gar nicht da bist; Frau
Steinicke, die hier war, sagte, daß jeder Chef unfehlbar eine junge An-
gestellte, die die Eltern auswärts wohnen hat, zur Zeit gehen ließe. Also
bitte, daß Du mit dem 6-Uhr-Zug heimfahren kannst. Leuchtet es nun
im Osten? ex oriente lux. Ach Fite, nur Frieden, anderes wünsch ich
nicht mehr. Ich bin so kaputt, Papa ist gar nicht gesund, und die Kinder
sind mir alle bis zur Betschi[1] eine Enttäuschung. Du und Wise sagen
darauf in der bekannten kalten Weise: Hättest nicht so viel erwarten
sollen. Aber Fite, was ist der Mensch ohne Hoffnungen? Eine armselige
Ameise. Sieh zu, daß Du Betschi mit nach Jena nimmst; sie muß aus
dieser Schule und aus dieser Umgebung heraus. Ich muß schließen.

Deine
alte Mutter

Geld 15 M

---

1 Betschi (eigentlich: Beate) Kaetzler (1907-1997), die dritte Tochter Gabriele Kaetzlers; sie war offensichtlich in einer Klosterschule untergebracht.

Wise Kaetzler an Hilde Kramer

Beiliegend: 5 M
Essenerstr. 24,
13. Oktober 1918

Liebe Hilde!
… Heute schickte mir Fite Deinen Brief. Hilde, du bist scheint's etwas irrsinnig, als Erzieherin zu gehen. Du willst doch dein eigener Herr sein und Dir nicht alles und jedes von der ersten besten Bourgeois-Madame sagen lassen. Das ist nach meinen Begriffen entsetzlich. Daß es Dich nicht lockt, ins Büro zu gehen, kann ich verstehen, ich bin ja auch nach 1 Tag aus der scheußlichen Freya geflohen. Aber gibt's dort nicht irgend etwas (so in der Art der P.T.A.), wo Du mit »gebildeten Menschen« zusammen bist?…
Ich habe jetzt eine Buhlschaft mit meinem kleinen Chef, kleiner sympathischer Kulturjude, aber ich bin <u>nicht die Spur</u> in ihn verliebt, habe drum neulich Schluß machen wollen, aber er geht nicht darauf ein, da er scheint's tatsächlich in mich verliebt ist! … Hilde, er hatte schon ein Absteigequartier gemietet und Kuchen für den nächsten Morgen mitgenommen, so sicher war er meiner schon! (Was denkt sich so'n kleiner Juif! Da gibts wirklich andere Männer.) Übrigens soll die Liebe mit mir völlig geistige Freundschaft sein, nur hin und wieder »Tierisches« …
Hilde, Du musst mir unbedingt auch ein Photo von Dir mit kurzen Haaren schicken!
Unbehelligt! Fred lässt mich nächstens photon., dann bekommst Du auch ein Bild. Nichts freute mich so wie das <u>märchenhaft</u> schöne Bild, wo Du mit Lore stehst. Es ist einfach berauschend, dieses süße, schlichte Geschöpf, so rührend und lieb! Und jetzt Schwabingerin mit kurzen Haaren? Nein Hilde, man muß das betonen, was einem liegt. Es freut mich sehr, dass es Dir sonst gut geht …
Hildchen, kommt Frieden? Du weißt doch: Crachus politicus! … Wie kannst Du Fitens Foto schön finden, so ne komische Wiedemannpostkarte.
Ich schick Dir die ewigen 5 M. mit, entschuldige mich, ich hatte es ganz vergessen. Ich habe zwar selbst noch nischt, aber mit Gottes Hilfe…
Schreib doch mal an Stasy, Mittweida, Bahnhofstr. 3 bei Frohberg.

Tausend Grüsse (Küsse) darf ich dir wohl nicht schicken, da der jungfräuliche Mund vorgestern zum letzten Male durch Fred entweiht wurde.

»Lissi« (so nennt er mich)

In beiden vorangegangen Kriegs-Briefen, geschrieben im Oktober 1918, wird die Sehnsucht geäußert, dass endlich Frieden kommt: erschöpft und resigniert von der Mutter, politisch unternehmungslustig von der Tochter; der »crachus politicus« scheint ein geflügeltes Wort bei den Kaetzlers gewesen zu sein.

Wenige Wochen nach diesen resignierten Zeilen, die Gabriele Kaetzler nach Jena schreibt, stirbt ihr Mann. In dem von den weißen Garden beschlagnahmten Briefwechsel findet sich allerdings keine Beileidspost; wahrscheinlich wurde er als »politisch uninteressant« nicht mitgenommen.

Fite, Wise und Hilde kommen relativ schnell über den offenbar nicht überraschend eingetretenen Tod des Vaters hinweg; (nicht nur) für sie ereignet sich jetzt »Weltgeschichte«, begeistert nehmen sie an den revolutionären Ereignissen des Novembers 1918 teil.

Wise Kaetzler an ihre Mutter Gabriele

[ohne Ort und Datum,
wahrscheinlich Berlin,
4. oder 5.11.1918]

Schutzleute unter den Linden! Ich ahnte ja noch gar nichts und dachte sofort an Revolution. In der Botschaft hörte ich dann alles. L[iebknecht]) ist auf einem offenen Plattenwagen gefahren worden und sowie er aus dem Bahnhof kam, ein einziges »Hoch! Hoch Liebknecht!« und Liebknecht sofort (heiser und elend!): »Hoch die Sozialrevolution! Nieder mit dem Krieg!« Verhaftet sind Unmassen von Leuten, am Bahnhof und vor der Russ[ischen] Bot[schaft]) wurde blankgezogen! Die Schutzleute hätten sich wie irrsinnig benommen!

Heute ist nun die »Rosta« aufgelöst worden, es war schrecklich, schrecklich einfach, all die lieben und famosen und gescheiten Leute, mit denen man zusammen gearbeitet hat, sind verhaftet, etwa 20 Kri-

minaler waren da und haben Haussuchung gemacht und auch viel beschlagnahmt und dann sind die Russen in einem grünen Polizeiwagen
– diese Niedertracht! – abgefahren worden und unser lieber Chef von
3 Kriminalern abgeführt. Ich hab geheult (u. war nicht die einzige!)
Und wir haben uns umarmt und gewinkt und die Hände geschüttelt, es
war schrecklich und doch zugleich schön, wie sie da alle für die Sache
mitgingen. Liebknecht war heut vormittag auch bei uns oben. Bitte
die Schrift zu entschuldigen, ich fliege noch am ganzen Körper vor
Aufregung. Ich hatte die Reden von Liebknecht bei mir, die er Sonntag
hielt, die Esel von Kriminalern ließen uns auf die Toilette, so daß wir
alles zerfetzen und wegwerfen konnten. Aber es sind nur die Russen
visitiert worden. Erst hieß es, die Rosta würde wieder bestehen, aber es
ist ja gar nicht daran zu denken, morgen reist die Botschaft.[1]

Es ist uns allen sehr schrecklich, wir waren alle so gern da. Einer v. d.
Russen ist Gott sei Dank noch so fortgekommen, er lebte auf falschem
Namen hier.

Vielleicht laß ich mich bei Hirsch vertreten und komme auf 8 Tage
heim?

[Wise]

---

1 Am 5.11.1918 wurde die russische Botschaft aus Berlin ausgewiesen wegen angeb-
licher Verstöße gegen Gastrecht und diplomatische Gepflogenheiten. Tatsächlich
befürchtete man natürlich, dass sie die sich bereits abzeichnende Revolution unter-
stützen würde.

Wiese Kaetzler an ihre Mutter Gabriele

[Berlin] »Unter der Roten Fahne«
12. November 18.

Liebste Mutti!
Zuerst tausend Dank für die vielen Marken und das Paket mit dem Kleid! Die »gelbe Seide« war etwas durchgeweicht, man muß sie wohl doch ein bisserl mehr einwickeln. Geld folgt! Hier ist es mehr wie großartig. Man besteht nur noch aus Revolution, den ganzen Tag wird geschossen (Maschinengewehr, ekelhaft! taktak tak tak tak.) Jeden Moment kann man so ein Biest in den Kopf kriegen! Andauernd sausen, stürmisch begrüßt, die großen Militärautos und Lastwagen mit bewaffneten Soldaten und Matrosen von der Roten Garde vorbei. Unter den Linden und am Reichstag sehen die Hauser doll zerschossen aus, da saßen überall noch Königstreue und schossen. Am Kölln[ischen] Fischmarkt sind bei dem Tumult bei den andauernden Schießereien über 100 Frauen und Kinder zerdrückt und teilweise totgetrampelt worden. Es ist ja immer ein Auseinanderstieben und Laufen um sein Leben, wenn die Schießerei losgeht. Die Straßen liegen voll Stück Mörtel und Patronenhülsen und zerfetzten Flugblättern. Andauernd werden Reden von Autos herab gehalten. Alles brüllt und ist eitel Wonne und Begeisterung. Liebknecht redet nicht gut! Zu kompliziert! Keine Trambahnen fahren mehr! Natürlich war ich die Tage nicht bei Hirsch. Mein Freund Fred ist natürlich entsetzt über die »Roten«, dieser bürgerliche Hund! Heut zum erstenmal wieder in der geretteten Rosta, nur unsere Russen fehlen noch, sonst ist alles beim alten und unsere ekelhafte »Frau Doktor« sind wir los, die ist nach der Polizeiaffaire[1] für immer verschwunden, weil sich das nicht mit ihrer Gesinnung vertrug! Wir danken Gott, daß die Hexe fort ist! Um 8 Uhr müssen alle Leute von der Straße sein! In Berlin! Alle Läden waren angstvoll geschlossen und verrammelt, ebenso die Lokale, ich habe arg Hunger gehabt in der Zeit! Ich weiß noch gar nicht, ob Kniefs[2] frei geworden sind! Denke aber bestimmt.

---

1 Gemeint ist die Hausdurchsuchung und vorübergehende Schließung der »Rosta«.
2 Johann Knief wurde Mitte November 1918 aus der Schutzhaft befreit, zu der er wegen seiner Teilnahme am großen Munitionsarbeiterstreik im Januar 1918 verurteilt worden war.

Für die Strümpfe heißen Dank. Heut wollt ich mir welche kaufen, die billigsten (hundsmiserable, chemische Baumwolle) 28 M.!!! (früherer Preis 55 dl). Es ist bodenlos. Aber jetzt kommt ja Friede. Hier sind schon massenhaft Soldaten auf eigene Faust von der Front heimgefahren! Ist es nicht wundervoll? Seit gestern Waffenstillstand!!! Es ist fabelhaft, und wie rasch ist die Sache gekommen! Wir sind alle begeistert und tragen rote Bänder im Knopfloch!!! Bitte um Betschis Adresse!

1 000 Küsse, Wise

Während Wise Kaetzler geradezu atemlos die Ereignisse in Berlin
schildert, holt ihre Freundin Hilde Kramer 10 Tage nach der Novem-
berrevolution in München tief Luft und berichtet ausführlich an Wise
in Berlin, wie sie die aufregenden Stunden am Abend und in der Nacht
des 7. Novembers verbracht hat.

Hilde Kramer an Wise Kaetzler

München, den 18.11.18

Liebe W I S E !
Ich danke Dir vielmals für Deinen Brief, ich hatte schon Angst
gehabt, daß etwas nicht in Ordnung wäre mit Dir. Ich könnte Dir
augenblicklich stundenlang schreiben, so viel habe ich in den letzten
Tagen hier erlebt. Ich schreibe Dir aus dem Kriegsministerium, denn
ich bin augenblicklich im Propagandaausschuß des Arbeiter- und Soldatenrates tätig. Es waren tolle Tage, die Tage der Revolution. Ich hatte
schon vorher hier große Erlebnisse. Durch einen Studenten, der ... aus
Berlin geflüchtet war und durch die *Arbeiterpolitik*[1] meine Adresse
erfahren hatte, kam ich in einen Kreis von linksradikalen Studenten,
größtenteils Luxemburgern, hinein. Wir haben unter den größten
Schwierigkeiten Flugblätter gedruckt und mit Hilfe von Eisner[2] und
der Unabhängigen Organisation[3] verteilt. Fabelhaft wars, wenn wir
in der einen Studentenbude saßen und revolutionäre Pläne brüteten.
Ich hatte in diesen Tagen auch gleich mit Herzensangelegenheiten zu
tun, was mich einesteils erhob, andernteils sehr bedrückte. Er ist ein
Luxemburger Student, der Thyp eines düsteren Revolutionärs, und ich
habe mich sehr in ihn verliebt...
Ich will Dir nun mal etwas von meinen revolutionären Erlebnissen be-
richten. Ich war in der Revolutionsnacht am 7. November fast dauernd
auf der Straße. Erst war am Nachmittag auf der Theresienwiese eine
gewaltige Volksversammlung, auf der sich die beiden soz[ialistischen]
Parteien einten. Auer[4] sprach und ich kochte vor Wut. Was habe ich
mir die Kehle wund geschrien mit meinem »Lügner, Verräter, Schuft«.

1 Wochenzeitung der Bremer Linksradikalen um Johann Knief und Lotte Kornfeld,
   vgl. S. 70.
2 Kurt Eisner, USPD, seit November 1918 Ministerpräsident des Freistaates Bayern.
3 USPD = Unabhängige Sozialdemokratische Partei Deutschlands.
4 Erhard Auer, Führer der SPD, unter der Eisner-Regierung Innenminister.

Aber die Sache verlief im Sande. Eine Gewerkschaftsdemonstration wälzte sich pomadig durch die Straßen, nichts von revolutionärem Aufstand. Wir folgten bis zum Friedensengel, dann gaben wir die Sache verzweifelt auf und wollten nach Hause gehen. Die Luxemburger begleiteten uns noch, und als wir zur Türkenkaserne kamen, fingen uns die Augen an zu brennen, denn die Luft war noch erfüllt von dem scharfen Gas der Bomben, die die Unteroff. und die Offiziere auf Soldaten und Volksmenge geworfen hatten. Wir erfuhren dann, daß schon fast alle Münchner Soldaten gemeutert hatten. Das war 7 Uhr abends, am 7. November.

Die Unabhängigen mit Eisner an der Spitze hatten die Soldaten zur Empörung aufgefordert, auch waren schon einige Soldaten auf der Theresienwiese gewesen. Die Kasernen waren dann geschlossen worden, und kein Soldat durfte sie verlassen, denn man hatte schon große Angst vor dem Aufstand. Wir schlossen uns an der Türkenkas[erne] einem Soldaten an, der zur Bildung des Soldatenrates zum Löwenbräu ging. Da habe ich eigentlich das größte Erlebnis gehabt. Allerdings war es mehr innerlich. Ich kann Dir dazu keine nähere Erklärung geben. Als ich das »Es lebe die Republik! Es lebe die Revolution!« hörte, da hatte ich gleich das Gefühl: Diese Menschen sind fähig, wirklich die Revolution zu machen! Das ist eine andere Begeisterung als die bei den Arbeitern. Gesprungen & gejubelt haben wir, und in die Arme sind wir uns gefallen in jener Nacht. Am 2. Tag gelang es mir, in den Landtag hineinzukommen. Ich bot mich für alle Arbeiten an und fand zunächst in der Wachstube Beschäftigung. Schon nach wenigen Stunden holte man mich hinauf ins Sitzungszimmer des Sol[daten)]-Rates, um zu tippen. Von da an konnte ich allen geschlossenen Sitzungen beiwohnen. Ich war überglücklich. Nach 3 Tagen belegte mich die Propaganda-Kommission des Sol[daten])-R[ates] mit Beschlag & da ich sah, daß hier etwas neues zu schaffen war, ging ich gern dorthin. Jetzt arbeite ich dort, habe das ganze Bureau in Gang gebracht und jetzt hat man mir leider die Zügel etwas aus der Hand genommen. Ich bekomme Essen in der Kantine und werde nächstens auch Geld bekommen, so viel ich zum Leben brauche.

Aber Wise, bitte bilde Dir nichts ein, denn meine Augen, Hand, Ohren habe ich trotz des ersten Freudenrausches nicht im geringsten verloren. Heute bekam ich auch Deinen Brief mit der *Roten Fahne*.[5]

5 Zentralorgan des Spartakusbundes, später der KPD.

Vielen Dank. Ich war sehr froh, sie zu haben, sie ist schon durch viele Hände gegangen. Ich will sie natürlich abonnieren. Wir haben hier schon wieder die Reaktion. Allerdings – das möchte ich betonen – soll man nicht – wie die Spartakusleute – die Erfolge der Revolution zu sehr unterschätzen. Aber trotz der verschiedenen neuen Errungenschaften bleibt doch eine riesengroße Enttäuschung zurück. Hier herrscht jetzt Kurt Eisner als Diktator und schiebt das »Sozialisieren« auf den St. Nimmerleinstag auf. Ich bin viel mit Mühsam[6] zusammen und verstehe mich in vielen Dingen sehr gut mit ihm und durch ihn erfahre ich immer von K[niefs]. Ich habe auch den *Kommunist*[7], der in Dresden erscheint, durch Lotte bekommen und soll hier dafür agitieren...

Schicke Fite bitte diesen Brief. Nun kommt die Hauptsache: Es liegt sehr nahe, daß ich in den nächsten Tagen oder Wochen nach Berlin komme. Hier entwickeln sich die Dinge so, daß man es nicht ertragen kann. Einer, der in den ersten Revolutionstagen den ganzen Soldatenrat leitete, Dr. Max Levien[8], ein begeisterter Soz[ialist] und Bolschewist, hat sich jetzt in schärfsten Gegensatz zur Regierung gestellt & ich werde mich ihm anschließen. Er will in diesen Tagen nach B[erlin] fahren, um sich mit Liebknecht und Rosa Luxemburg in Verbindung zu setzen, denn er kennt sie gut. Er hat versprochen zu schauen, daß ich in den Dienst der Sp[artakus]Gruppe treten kann ... Wenn es ihm gelingt, dann schneide ich alle Fäden ab & reise. Man intrigiert hier beständig gegen Levien, denn man fühlt, daß er der einzige kluge Kopf hier ist. Eisner hat ihm erklärt, daß alle Bolschewisten Agenten der Entente wären & daß er (Levien) wohl etwas verrückt wäre. Darauf ist er aus dem Soldatenrat ausgetreten. Noch einer, Klingelhöfer[9], ist dem Levien an die Seite zu stellen. Man hat ihn gestern in der Nacht verhaftet gehalten; es hatte keinen Grund, es war nur die Intrige eines einzelnen, der mit seiner unglaublichen Art noch die ganze Revolution vernichten wird. Meine Stellung ist gefährdet. Ich verkehre mit Levien und Klingelhöfer, ich lese die *Rote Fahne*, man sieht bei mir die *Arbeiterpolitik*, ich lächle über die unverschämten Anschuldigungen, die man gegen

---

6 Erich Mühsam, anarchistisch orientierter Schriftsteller, Gründer der »Vereinigung revolutionärer Internationalisten«.
7 linksradikale Tageszeitung, Nachfolgeorgan der *Arbeiterpolitik*, s.o.
8 Max Levien, Mitglied des Spartakusbundes, später der KPD, einer der Führer der zweiten Räterepublik.
9 Gustav Klingelhöfer, USPD, Mitglied des Zentralrats der Arbeiter-und-Soldaten-Räte.

Levien erhebt. Auch mein Verkehr mit Mühsam wirkt belastend. Man fragte: »Nun, sind Sie die Sekretärin des Herrn Klingelhöfer?« Ich hatte ihm nur eine kleine Schreibarbeit erledigt.

... Ich bin ein Soldatenmädel geworden. Du würdest baff sein, ich gehe nie ohne Begleitung, liebe 10 auf einmal, werde von 20 geliebt, habe doch noch nie einen Kuß bekommen. Das ist bei mir rein unmöglich. Nichtmal Pol würde das wagen. Pol Michels ist der Luxemburger ... Die Sache mit Pol ist fürchterlich; ich komme nicht darüber hinaus. Ich befinde mich in den schrecklichsten Konflikten – auf jedem Gebiet.

Hoch Liebknecht und Rosa Luxemburg! Nieder mit der Kerenskiregierung!!![10]

1 000 Grüße. Hilde.

PS: Ich schicke Dir Mühsams Flugblatt, ich finde es gut, besonders das Soldatenlied.

---

10 Die (bürgerliche) Kerenskiregierung in Russland wurde durch die Oktoberrevolution 1917 gestürzt.

Wise Kaetzler an ihre Mutter Gabriele

Liebste Mutti!
Heute morgen kam Post! Packerl von Dir, Briefe von Fite, Stasi, Betschi, Kniefs, Hilde...
Ich bin politisch selbstverständlich auf Knief's Seite, man kann ja nicht radikal genug sein...
Andauernd bin ich in Versammlungen der Spartakusleute! Vorgesternnacht mit am Polizei-Präsidium, um die angeblichen Gefangenen zu befreien. Streifschuß am Bein erhalten!! Ich bin sehr stolz! Es war wieder eine ekelhafte Knallerei in der engen Straße und man hatte verdammt Angst, weil die ganze Sache ganz unvermutet kam! Also bald werde ich auch als »Opfer der Revolution« begraben, ich war mit bei dem kilometerlangen Trauerzug mit Tausenden von Kränzen, riesigen, mit roten Schleifen und Blumen! Donnerstagnacht nicht eine Minute geschlafen ... Gestern traf ich Sonja in der Versammlung. Liebknechts nehmen als ganz selbstverständlich an, daß Du in München mit der »Regierung« arbeitest.

1 000 Küsse,
Wise

Wise Kaetzler an Lotte Kornfeld und Johann Knief

Berlin, den 24. November 1918
Essenerstr. 24! nicht 34!!!

Liebe Lotte, Lieber Knief!

Ihr seid beide die fabelhaftesten Leute, die es gibt! – Mutt schreibt aber doch wehmütig über K's Brief: »...so radikal kann ich nicht mehr sein, ich bewundere die Revolution genügend.« Und in Bayern gäbe es einen Rückschlag; über das »Religion ist frei« z. B. sind die Bauern mehr wie entsetzt, daß der Pfarrer nimmer in die Schule soll und ihre Kinder infolgedessen »wie's liebe Vieh« aufwachsen sollen![1] – Ich weiß nicht, schrieb ich Dir schon, daß Papa gestorben ist? Es ist ja für ihn das Beste gewesen, er hat sich doch nur noch geplagt, für Mutt ist es ja anfangs sehr schwer gewesen, aber nun ist sie durch all die anderen Ereignisse auch drüber weggekommen. Fite ist noch in Jena und wird von ihren sämtlichen Kolleginnen wegen ihrer Ansichten über die Revolution aufs gemeinste geschnitten! Jenaer Professoren!

Stasi[2] in Mittweida, hat eine erste »Liebe«, d. h. es ist wohl keine, denn er schrieb mir wehmütig: »...es ist gar nicht so schön und poetisch, wie man es sich gedacht hat!« Der arme Bub! Er ist ja noch ein Baby! Betschi ist im L.E.H. in Wickersdorf[3], wo sie sich scheint's sehr wohl fühlt; sie mußte ja endlich aus dieser »Nonnenschule«. Und die kleinen Buben sind daheim. Das Familienglück ist ein lieber Gefangener, ein Franzose, eine Seele von Mensch, der schon mit zur Familie gehört.

...

Tausend Grüße und viel Glück,
Eure Wise K.

---

1 Gemeint ist die gleich nach der Revolution aufgehobene geistliche Schulaufsicht, die bis dahin in Bayern geherrscht hatte.
2 Der 16-jährige Bruder Wises, s. S. 70.
3 Landerziehungsheim Wickersdorf in Thüringen; Reformschule.

Die folgenden Briefe, die in den letzten Wochen des ereignisreichen Jahres 1918 zwischen Berlin, Riederau, Jena und Bremen hin und her gehen, sind geprägt von emotionalen Hochs und Tiefs, ausgelöst durch die komplizierten nationalen wie internationalen politischen Verhältnisse wie auch durch erfreuliche und unerfreuliche Alltagserlebnisse.

Wise an Gabriele Kaetzler

Berlin, den 30. November 1918

Liebe Mutti!
Gestern kam das himmlische Paket mit Rohrnudeln (en masse), Äpfeln, »Inhalt« und dem Mantel, der mich mächtig freute! Ich habe ihn gleich zum Reinigen gegeben und will ihn dann beim Schneider wenden lassen, denn färben möcht ich ihn nicht, weil mir die Farbe so gut steht und so entzückend ist.

...

Was aus meiner Weihnachtsreise wird, weiß ich noch nicht, es soll schon jetzt Fahrkarten nur in dringenden Fällen geben, wenn man sich ausweisen kann. Das sagte mir ein Vieh von Regierungssozialisten (jetzt hab ich gesehen, daß ich doch Spartakus bin!), den ich neulich bei einer sehr netten Genossin, der Freundin von Lotte, kennenlernte. Überhaupt wieder allerhand Leute kennengelernt! Heut haben wir alle von der Rosta unsere Kündigungsbriefe bekommen, bis 31. Januar werden wir bezahlt, wenn wir keine neue Stellung finden; sehr anständig. Ich hoffe, in der *Roten Fahne* etwas zu bekommen; aber angenehme Aussichten. Dann werde ich beim Kampf gegen den Spartakus als Mitschuldige erschossen! Wenn bloß keine Hungersnot kommt! Das wäre ja hier mehr wie schrecklich, wir wären einfach verloren, das sagte auch meine neue Liebe, ein entzückender polnischer Maler, mordshäßlicher kleiner Jud, aber ganz mein Geschmack, leider (!) verheiratet!
Hier ist große Aufregung wegen des Pogroms, es hieß nämlich, hier in B. würden auch welche gemacht! ... Hier ist jetzt die ganze Stadt beflaggt und mit Girlanden geschmückt. »Herzlich willkommen dem tapferen Krieger«. Aber die Stimmung ist durchaus nicht danach.
... Übrigens wird jetzt schon alles billiger, Garn ist im Schleichhandel von 6 M die kleine Rolle auf 1 M gesunken. Und so sehr viel! Bonbons gibts auf einmal massenhaft, die Rosta verbraucht aber so ziemlich

alles! Mich verführen sie auch immer zum Naschen, aber ich bin noch immer sehr standhaft. Jetzt esse ich immer in der Sau-Mittelstands-küche! Für 1,20 M so schlecht, daß man es oft stehenlassen muß, weil der Dreck ungenießbar ist. Es ist empörend! Oder für 80 dl. [Pfennig] im vaterländischen Frauenverein, diese Hexen profitieren bei ihrem saumäßigen Futter noch je 50 dl. Und dabei soll man noch dankbar sein, und überall hängen Gottes-Sprüche! Man sehnt sich immer nach was Gutem und die Rohrnudl, köstlich aus weißem Mehl mit Butter (!) (Oh! Ah!) ist immer eine Wonne! Es ist schon schlimm diese Verpow-erung! Morgen sind die Versammlungen von den Unabhängigen und Spartakus,

Redner »der Karl« und »die Rosa«, also hin! – Sonja ist so in Sorge um ihren Mann, der großkopfete Patrioten-Sozialist sagte auch: »Der Bru-der wird noch an die Wand gestellt und niedergeknallt.« Und es kommt ja auch so. Ich muß sagen, ich fürchte mich sehr vor der nächsten Zeit, Kämpfe zwischen den Spartakus und Scheidemännern[1] und Hunger und Scheußlichkeiten. Stell Dir vor, ich habe jetzt eine wahnsinnige Angst, wenn ich dran denke, daß wieder geschossen wird, zuerst wars mir immer Sensation, aber jetzt fürcht ich mich so davor. Es gibt ja auch keinen Heldenmut gegen Maschinengewehre! Unsere Bolschewiki seh-en es als ganz selbstverständlich an, mitzugehen. Ich weiß nicht, was es noch alles wird, es ist wüst und schlimm. Jetzt schick ich doch erst am Montag das Geld und jetzt den Brief allein ab, sonst komm ich ja morgen doch nicht auf die Post! Also betet für mich!

Tausend Küsse,
Wise.

Bitte um Bu[tter]! Bu[tter] Bu[tter]

---

1 Philipp Scheidemann, SPD, Reichspräsident.

Hilde Kramer an Wise Kaetzler

München, den 4. XII. 1918

Liebe Wise!

Ich reise morgen nach Bremen als Delegierte der hiesigen Kommunistischen Partei[1] ab mit einem Vertrauensmann und werde von dort aus wahrscheinlich auch noch nach Hamburg und Kiel fahren, um mit den dortigen Kommunisten Fühlung zu nehmen. Die hiesige K.P. hat sich in diesen Tagen bedeutend radikalisiert und die zweifelhaften Elemente sind herausgewiesen. Wenn ich nach Hamburg komme, werde ich auf der Rückreise doch sicher über Berlin kommen, und dann werde ich Dich vorher telegraphisch benachrichtigen. Ich muß also die Verbindung zwischen Knief und den hiesigen Leuten herbeiführen. Ich bin überglücklich!

Hilde.

---

1 Gemeint ist wohl die »Vereinigung Revolutionärer Internationalisten« um Erich Mühsam; die KPD wurde erst zur Jahreswende 1918/19 gegründet.

Gabriele Kaetzler an Lotte Kornfeld

Riederau, d. 3.12.18

Liebe Lotte!

Einleitend wäre ja so viel zu sagen, Persönliches – aber lassen wir das; das Persönliche tritt jetzt zurück. Danke Ihnen, daß Sie mir den *Kommunisten* schicken; ich schicke mit diesem Brief 5 M für ihn als Abonnement ab. Sie werden ja denken, daß ich mit dieser sanften »Revolution«, wie man dies Angstprodukt vor der einmarschierenden Entente genannt hat, nichts zu schaffen habe; aber Sie müssen mir schreiben über die Aussichten und Möglichkeiten der Spartakusleute oder der wirklichen Revolutionäre oder der Internat[ionalen] Komm[unisten] Deutschlands, wie Sie sie nennen. Ich sitze hier in einem politisch so rückständigen Winkel,[1] … ich höre Tag für Tag die immer unverhüllteren Drohungen gegen Eisner, ich höre mit eigenen Ohren die dreckigen Verleumdungen und ich bin voller Zagen und Angst – und – ist die Zeit schon reif für die soz[ialistische] Wirtschaftsordnung? Und was tun wir, wenn wir Okkupation bekommen?

Liebe Lotte, Sie werden wahrscheinlich wenig Zeit haben; aber Sie tun ein gutes Werk, wenn Sie mir einen aufklärenden Schrieb schicken. Jedes Bahnabteil, jeder Bahnhof, wo ich so viele Stunden meines Lebens verbringe, jedes Bauernhaus wird zur Hütte der pol[itischen] Agitation, der pol[itischen]) Aufklärung. Aber wenn Sie die verdammte Animosität gegen Berlin und Preußen kennten, das erschwert nun das Arbeiten sehr. Also Lotte, dürfen wir es jetzt schon wagen, … für das wahre Ziel des Sozialismus zu kämpfen?

Hier sind die Italiener schon mit großen Geschützen in Scharnitz, das ist die Grenzstation Bayern-Österreich.

Jeder Frontsoldat, der aus der Pfalz, aus dem Elsaß kommt, sagt: Sie marschieren ein. Und Prof. Förster versicherte heute (und der ist doch ein glaubwürdiger Mann):

---

1 Egon Günther weist in seinem Buch *Baierische Enziane. Ein Heimatbuch*, Hamburg, 2005, S. 37, darauf hin, dass dieser »Winkel« so rückständig gar nicht war: So erklärte man sich nach der Ermordung von Kurt Eisner bei einer Vollversammlung des sozialdemokratischen Ortsvereins in St. Georgen bei Dießen, also in der unmittelbaren Nachbarschaft zu Riederau, einstimmig für die Räterepublik.

»Aus intimer Kenntnis heraus versichere ich Sie, die Entente schließt nur Frieden beim Vorhandensein einer Konstituante.«[2] Lassen Sie sich Persönliches von Fite ... u. Wise erzählen und schreiben Sie mir einen orientierenden Brief. Ihnen beiden Herzliches und Gutes

von Ihrer Freundin u. Genossin
Gabriele Kaetzler

---

2 Tatsächlich schlug der amerikanische Präsident Wilson Ende November 1918 vor, die Mächte der Entente sollten nur dann einen Friedensvertrag mit Deutschland abschließen, wenn statt der Arbeiter-und-Soldaten-Räte eine verfassunggebende Versammlung die Macht übernähme.

Wise an Gabriele Kaetzler

Berlin S. W. 68, den 6. Dez. 18

[Gedruckter Briefkopf:]
Russische sozialistische Föderative Sowjet-Republik
Berliner Informations-Büro der Petersburger Telegraphen-Agentur
Friedrichstr. 217 Fernsprecher: Lützow 5735

Liebe Mutt!

Ich lernte gestern bei Sonja eine sehr reizende junge Frau kennen, ihr Mann arbeitet in der Rosta und sie war selbst eine Zeitlang da. Sie kommt diese Tage in die Frauenklinik, um sich operieren zu lassen. Sie hat einen kleinen Jungen von 2 ½ Jahren und möchte sich nach der Operation erholen und herausfuttern. Kann sie zu Dir kommen? Sie würde, glaub ich, ganz gut bezahlen, es liegt ihr eben hauptsächlich daran, daß sie mit ihrem Kind zusammensein kann, sie lebt von ihrem Mann getrennt. Man muß ihr ein bißchen helfen! Und bei uns ist doch jetzt Raum und Du würdest sie sicher entzückend finden und Du hast einen Menschen draußen!

Gieb mir doch bitte Bescheid, ich komm nächste Woche zu ihr in die Klinik & möchte ihr schon gern Antwort geben. Sie ist auffallend lieb und entzückend, Hilde wird Dir von ihr erzählen. Sonja [Liebknecht] war gestern abend wieder goldig. Ich bin ja verliebt in dies wonnige, durchaus unpolitische Frauenzimmer! Sie ist sehr lieb! Helmi hat mir auch gut gefallen, der trotzige Freiheitskämpfer, ein hübscher Bub! Er läßt »Mutt« grüßen!

Nun über Hilde: Gestern früh kam sie mit noch einem Genossen aus München, als Delegierte (!) von einer Münchner »Kommunisten«-Vereinigung (unter Mühsam) und war auf dem Weg nach Bremen zu Kniefs, um Geld für ihren Bund zu holen und alles mögliche wegen Zeitungen etc. zu besprechen. Hilde, das große Mädchen, mit mächtigem revolutionären Tituskopf, ich kann mir nicht helfen, und wenn sie hundertmal Delegierte vom Kommunistenbund ist und im A[rbeiter] u[nd]S[oldaten]Rat arbeitet: Sie kommt mir maßlos kindisch und unreif vor, und wenn sie noch so gut mit ihrem Crachus Politicus Bescheid weiß. Er, ein niedlicher blonder Soldat von derselben Vereinigung.[1] Nachdem ich Hilde mit der Nase drauf getupft hatte, daß er

1 Albert Fister, Mitglied der »Vereinigung der revolutionären Internationalisten Bayerns«.

RUSSISCHE SOZIALISTISCHE
FÖDERATIVE SOWJET-REPUBLIK

BERLINER INFORMATIONS-BÜRO DER
PETERSBURGER TELEGRAPHEN-AGENTUR

BERLIN S.W. 68, DEN
FRIEDRICHSTR. 217
FERNSPRECHER: LÜTZOW 5795

II

Gieb mir doch bitte Bescheid, ich
komm nächste Woche zu ihr
in die Klinik & möchte ihr
schon gern Antwort geben.
Sie ist auffallend lieb und
entzückend, Hilde wird dir
von ihr erzählen. Sonja* war
gestern Abend wieder solisch!
Ich bin ja verliebt in dies
wonnige, durchaus unpolitische
Frauenzimmer! Sie ist sehr
lieb! Helmi* hat mir auch
gut gefallen, der trotzige Freiheitskämpfer, einfältiges Bub!
Er läßt & Mutti grüßen!

* Liebknechts Frau.   * John 18 Jahr.

schließlich auch ein niedlicher junger Mann und nicht bloß Spartakus-bruder wäre, wurde ihre Freundschaft weniger geistig und während ich bei Hirsch war, hat Hilde von ihm ihren ersten Kuß bekommen, wobei sie sich scheinbar idiotisch benommen hat, war hellgrün und blökte beinah! Dabei ist er ein wenn auch unbedeutender, so doch netter und anständiger Junge (keen Mann!) Sonja sagte freilich, er genügte völlig für mich! »Aber Wise, Sie wollen ja einen Prinzen!« Nun duzen wir uns alle drei.

...

Sie waren abends mit bei Sonja, wo Hilde Eindruck schindete. Es war sehr nett, wie die beiden gestern da waren, sie suchten auch »den Karl« (Liebknecht). Hilde war, glaub ich, von Sonja nicht so begeistert, natürlich sagt sie es nicht, weil sie Liebknechts Frau ist!

Hilde hält mich für das verdorbenste Geschöpf und wird wohl Schau-ergeschichten erzählen, glaube bitte nur 1/10 davon!!! Laß Hilde bloß diesen Brief nicht lesen, dann ist sie zu gekränkt und empört, und sie ist doch, glaub ich, trotz aller Überspanntheit ein gutes Mädchen.

– Bitte dringend um BU[tter]!!! Tausend Küsse

Wise

Bitte ebenso dringend um etliche Brotmarken!

Wise an Fite Kaetzler

Liebe Fite,
nun will ich Dir zunächst zu Hilde erzählen: Es kam eine Depesche: Komme morgen früh in B. an, Hilde. – Als ich sie auf dem Anhalter Bahnhof abholte, schwebte ich dauernd in himmlischen Puchheimer[1] Gefühlen, Du kennst das, auf einem großen Bhf., wo D-Züge sind & »Pulsschlag des Lebens« & »obere Zehntausend«. Himmlisch! Dann kam sie, riesig groß mit einem mächtigen pudelartigen Löwenhaupt, ein rotes Band im Knopfloch, begleitet von einem niedlichen blonden Soldaten. Die beiden fahren als Delegierte der Münchner Kommunisten (hängt mit Mühsam zusammen) zu Kniefs nach Bremen, um Geld etc. für ihre Münchner Gruppe zu holen. Ich find's ja fabelhaft, daß Hilde dabei ist, aber ich kann Dir nur sagen, sie ist maßlos kindisch und unreif und ebenso hochmütig (geistiger Hochmut natürlich). Andauernd geht's: »Findest du mich nicht fabelhaft, bin ich nicht ein merkwürdiger Mensch?« ...
Aber mit allem versöhnt doch immer wieder, daß sie ein großes, gutes Mädchen ist.
D. h. über ärmliche Leute, die nicht gerade Liebknecht oder Mühsam sind, geht's andauernd: »...mit diesen Leuten kann man nicht verkehren, zu ungebildet« etc. ...
Die Rosta wird wohl morgen geschlossen werden, eine Abschiedsfeier soll noch gemacht werden, aber da werd ich wohl kaum mehr da sein, denn dann fahr ich sobald wie möglich heim, muß sehn, wie lang mich die kleine Koch bei meinem lieben gemütlichen Hirsch und beim kl. Philippson (der schon wieder schmachtet!) vertritt.
Übrigens wird in der R(osta) immer meine Schrift gelobt, Frl. K. hat die schönste Schrift, Herrenhandschrift, nicht so klein und spießig wie sonst Frauen schreiben. In den Briefen an Dich ist ja nur haltloses Geschmier! Ich sage Dir, mit Frau Springer hab ich Gespräche! ... Sie schwebt jetzt in Angst, in anderen Umständen zu sein. Wenn sie in den nächsten Tagen nicht unwohl wird, geht sie zum »Kippen« [offenbar: Schwangerschaftsabbruch], das macht sie schon seit Jahren so, die

---

1 Gemeinde westlich von München mit damals größerer Bahnstation; 1914-1920 befand sich hier auch ein Kriegsgefangenenlager, aus dem möglicherweise »Gérard«, s. S. 99 stammte.

Ärmste! Sie sagte: »Ich war so froh, wie mein Mann im Feld war, da braucht ich nie in Angst drum sein.« Aber, dear, das sag ich Dir, wenn ich mal durch so eine Dummheit in andere Umstände käme, würd ich's grad so machen, eh ich mir mein ganzes Leben durch so ein Zufallskind verpfuschen würde. Aber Frau Spr. sagt, die jungen Leute hätten ja meistens 7. Fälle oder verließen die Kirche vor dem Segen (!)…

Wenn noch Züge gehen, so komm ich auf ein paar Tage zu Dir rüber. Wir müssen mal wieder klatschen! Aber Du darfst mich nicht deprimieren!

F. l. Gr.
W.

[An die Briefpapierränder geschriebene Anmerkungen:]

– Morgen kommt wahrscheinlich Hilde mit ihrem Bräutigam nochmal nach B.

– Ich bin gespannt, ob sich Hilde nun ihrem kleinen Mann in »freier Liebe« hingibt, denn heiraten will sie nicht!

– Stell Dir vor, neulich drückte mir ein Privatpatient 20 M Trinkgeld in die Hand!

– Wenn ich bloß ne Fahrkarte kriege, Weihnachten allein zu sein, wär ja trostlos!!! – Weißt Du, daß K(niefs) mich nach Bremen haben wollten? Aber kann ein normaler Mensch in Bremen(!) wohnen?

Fite an Wise Kaetzler

[Jena]10.12. [1918]

Liebe Wise!

Trotz eines schlimmen Zeigefingers durch das ewige Blutschnappen bin ich treu in die Tippstunde gewandelt und will es gleich benutzen, Dir auf Deinen Brief über Hilde zu antworten: Hilde! Bitte, stell Dir Hilde vor! Rechts und links ein dünnes, blondes Zöpfchen, blauer Kittel mit nichts drunter und unendliche lila Beine mit Pobewegungen im Kartoffelland arbeitend; oder selig im Mist am Waggon und Lores krankes Euter pflegend; oder mit der gestrickten, blauen Mütze auf Skiern in einer Schneeebene bei Rieden. Diese Hilde fährt als Delegierte der Münchner Spartakusgruppe nach Bremen in Begleitung eines Genossen, der ihr Buhle ist! Ist das Leben nun eine Affenkomödie oder nicht? Ich fange schon an wunderlich zu werden durch die ständige Abgeschlossenheit. Du wirst, wenn Du herkommst, was ich sehr hoffe, eine fette alte Jungfer ohne Haare mit langer Nase und Wurzelaugen finden, die Dich in einem Mantel aus Papierstoff blaugefroren erwarten wird...

Verehre mir doch einen anständigen Schleier! Hier gibt es ja keine, wenn ich hier schon so trübselig alleine Weihnachten hocken muss, will ich wenigstens einen Beweis treuer Schwesterliebe haben!...

Du hast ein angenehmes Leben! Auch Hilde hat es jetzt viel besser als ich, d. h. ich muß Dir eins sagen, sie ist ja bloß Sozi, weil Kaetzlers es sind; Du weißt, ihr Brief: Ich glaube, ich kann mich mit vollem Recht Kaetzler nennen. – Ich bin jetzt offizielles Mitglied der U.S.P.D. Bin auf die *Rote Fahne* abonniert, kann mich aber nicht für Spartakus entscheiden, einfach eine verrückte Gesellschaft. Sozi ist doch schließlich Sozi; mein Gott, das Ziel ist doch dasselbe und das ist doch das ausschlaggebende! Und jetzt wieder Blut und Unruhe! Nein! Wenn die Nationalversammlung zugunsten der Bürgerlichen ausfällt, dann ist ja die ganze Revolution umsonst gewesen, es ist alles so wirr und schrecklich! Rugen wird mir vermutlich kündigen wegen der *Roten Fahne*. Ihre Reden waren schon danach. Die Mitgliederversammlung der U.S.P.D. war echt! Wieder was für den großen Roman! Etwa hundert »Jenossen«, dauerte von acht bis halb eins. Wenn ich bloß eine Stelle kriege! Also, hoffentlich auf Wiedersehen!

Toujours la tienne!

Fite.

Wise Kaetzler an Hilde Kramer

N. W. 21, Essenerstr. 24
[ohne Datum]

Hilde,
sofort nach Empfang dieses Briefes gehe zu Frau Mühsam, Georgenstr. 105/IV oder telefoniere sie an, ob sie in der Angelegenheit mit Frau Kornfelds Eilbrief diese Woche zu Hause wäre. Telegraphiere mir sofort Bescheid. Es wird Dir alles ersetzt und es hängt das Lebensglück von einem Dutzend Leute davon ab, auch Deines.

Es erwartet Bescheid
Deine blonde Freundin
Wise

Von wann dieser undatierte Brief Wises stammt und warum es hier um das »Lebensglück von einem Dutzend Leute geht«, ist schwer einzuschätzen; die Situation war offenbar dramatisch. Jedenfalls scheint Wise darauf hingewiesen worden zu sein, dass sie gewisse Botschaften kurz und »konspirativ« zu verfassen habe – was ihr, die so gern über »Gott und die Welt« schrieb, sicher nicht leicht fiel, was der folgende Brief wiederum zeigt...

Wise an Fite Kaetzler

(Berlin), 14. Dez. 1918

Liebe F.!
Eben kam Dein Brief, warum kommst Du an Weihnachten nicht heim! Blöd von Dir! Dann brauchst Du nicht einsam zu sein.
...
Nun Hilde! Hilde die »ganz besonders keusche Jungfrau«, hat ihre ersten algerischen Baisers bekommen!!! Sie ist mehr wie entsetzt und sagt andauernd nur, wie grausig und tierisch sie die »Liebessachen« fände und sie hätte den Mund fest zugemacht... Ich bin gespannt, wie sich's weiter entwickelt, es scheint ja völlig heilige Liebe. Nun addio, ich muß mir jetzt das Haar waschen und schreibe dann weiter... Später: So eine Gemeinheit! Es gibt mal wieder kein warmes Wasser, das ist jetzt alle Augenblicke so seit den neuen Verordnungen.
...
Von Mutt hab ich in der letzten Zeit viel Briefe bekommen, zärtliche, 6 Seiten lange Briefe nur über »ihn«, über Gérard, wie entzückend er wäre & und andächtig beim Küssen(!), »nicht die Spur sinnlich oder widerlich«. Die alte Frau ist trotz ihrer 46 Jahre völlig in den schlichten Mann des Volkes verliebt! Und es ist gegenseitig! Ferner bekam ich Brotmarken & zwei Packerln sind angekündigt, aber bis jetzt noch nicht da. Stasi macht andauernd Geldgeschichten! Die 150,- Mk vom Mantel hab ich verbraucht in dieser wahnsinnig teuren Stadt, wo die Schachtel Zündhölzer 50 Pfg. kostet – wenn man sie bekommt!
...
Heute war große Konferenz bei Frau Cahn, aber »geheim«! Hilde macht alles! Leviné,[1] ein Bolschewik, hat sich schon beklagt, daß »ein 18jähriges Mädchen, das noch nie politisch tätig war, einen Aufruf unterschrieben hätte«.[2] Frau Cahn & Hilde grautschen dauernd über meine »spießige Ladenmädchenfrisur« & ich sollte mir die Haare wieder abschneiden! Ich denke nicht dran! Meine Haare, mein Ein & Alles!...
Übrigens ist wieder Hoffnung, daß die Rosta aufblüht, wir sind jetzt umgezogen & in unseren alten Räumen haust Spartakus, »diese

---

1 Eugen Leviné, Redakteur bei der Berliner Rosta, später als KPD-Führer in München; ermordet 1919.
2 Vgl. das hier abgedruckte Flugblatt S. 102.

Brotmarken aus der Zeit des Ersten Weltkriegs und danach: Bereits seit Februar/März 1915 wurden die Lebensmittelzuteilungen rationiert.

bolschewistische Gesellschaft da oben«, wie die Leute vom Filmklub unter uns sagten! Dieser Umzug bestand nur aus Quatscherei mit den Soldaten, die Spartakus uns zum Helfen geschickt hatten; andauernd war ein einziges Kreischen und Gejacher und Davonrasen, so wie unsere Jungens manchmal toben. Überall wurden schreiende Mädchen vergewaltigt und in Körbe geworfen oder geküßt, andauernd wurden einem Küsse »geraubt« (aber keine algerischen!) ... Zur Strafe für's Küssen mußten sie uns von ihren himmlischen Schmalzbroten abgeben! Zustände!!! ...

Im Spartakus wird man stets per »Genossin« angeredet. Das Herz schwillt vor Wonne! Und man redet alle ebenfalls per »Genosse« an!!! Wenn Rosta nicht wieder wird, geh ich nach Bremen. Lotte sagt, zu essen & Wohnung hab ich immer & jetzt bekommen sie wahrscheinlich auch 10 000 Mk. Und es ist mal wieder was Neues & ich kann mich im Notfall mit Karl Becker[3] verheiraten, den ich jetzt auch kenne. Lotte sieht sehr gut aus, sie ist so anständig angezogen, dann ist sie ganz schöne Jüdin, sehr hübsch... Ferner wimmelt's von Matrosen, die jetzt alle »Admiral« sind! Es ist ein wunderliches Treiben, aber es wird fürchterlich werden, 4-5 Jahre Krieg, ein grausiges Blutbad & Hunger & Verelendung. Ich weiß nicht, ob ich Spartakus bin! Hör ich die anderen, geb ich denen wieder recht! – Und in dieser abscheulichen Zeit lebt man! – Hier wird eine Schrift »Liebknecht unter dem Einfluß seiner russischen Frau« verkauft, weißt Du! So ein Quatsch! Die reizende, unpolitische Sonja wird da betitelt. »Die bildschöne, fanatische, revolutionäre Russin unter deren Einfluß er, der weiche Idealist« (dieser Helmi-Vater!) stünde. So ein Kohl!

Also gut Nacht! Liss-Liss

---

3 Setzer und Drucker der *Arbeiterpolitik* in Bremen.

Bei dem von Hilde Kramer mit unterzeichneten Aufruf, von dem Wise im vor-
hergehenden Brief spricht, handelt es sich mit höchster Wahrscheinlichkeit um
folgenden Text, der sich auch in der Polizeiakte Kaetzler/Kramer befindet:

Flugblatt der Vereinigung revolutionärer Internationalisten Bayerns

Revolutionäre internationalistisch gesinnte kommunistische Arbeiter
und Soldaten!
Männer und Frauen!
Nicht alle Volksgenossen sind mit dem bisherigen Verlauf der Revolution
einverstanden. Wir sind nicht zufrieden mit der Beschränkung der revolutionären Forderungen auf politische Angelegenheiten, wir verlangen die
Verwirklichung des Sozialismus als Krönung der gegenwärtigen Volks-
bewegung. Das Ende des Weltkrieges bedeutet zusammen mit der Weltrevolution den Zusammenbruch des Kapitalismus. Auf seinen Trümmern
wollen wir nicht alles zu retten suchen, sondern neues aufbauen. Wir bli-
cken nicht auf den Weg, sondern aufs Ziel. Das Mittel der Revolution heißt
Revolution. Das ist nicht Mord und Totschlag, sondern Aufbau und Verwirklichung. Mit diesem Mittel wollen wir die sozialistische Gesellschaft
der Gerechtigkeit und Wahrheit bei uns durchführen, um den Brüdern der
gesamten Internationale das Beispiel zu geben, das unsere russischen Ka-
meraden uns gegeben haben. Wie sie wollen wir die Liebe zur Menschheit
zur Richtschnur unserer Handlungen machen. Zunächst haben wir dazu
aufzuklären und die Kräfte zu sammeln, die die Rettung der Welt in der
Neubelebung einer radikalen und konzessionslosen, sozialistisch-kommunistischen Internationale erkennen. Wir rufen das bayerische und darüber
hinaus das deutsche Volk auf, mit uns gemeinsam die Verbindung mit den
Völkern aller Länder herzustellen zu dem Ende, den internationalen Kapitalismus und Imperialismus von Grund auf zu stürzen und die Hand- und
Kopfarbeiter zu Nutznießern des eigenen Werkes zu machen. Es lebe die
Freiheit des Volkes! Es lebe die Revolution der Welt! Es lebe die sozialistische Internationale!

> Vereinigung revolutionärer Internationalisten Bayerns.
> Erich Mühsam, Jos. Merl, Hilde Kramer, F. A. Fister.

Geschäftsstelle: Frauenstraße 3 (Braunauer Hof) Tel. 26353 (10-12 u. 3-7 Uhr)
Publikationsorgan: *Kain.* Zeitschr. f. Menschlich.

[etwa Ende November/Anfang Dezember 1918]

Wie die Familie Kaetzler Weihnachten und die Jahreswende 1918/19 in dem kleinen Ammerseedorf Riederau verbracht hat, wissen wir nicht. Zumindest Gabriele wird wahrscheinlich einen nachdenklichen Blick zurück auf das so ereignisreiche historische Jahr 1918 geworfen haben – um sich bald wieder in das turbulente politische und alltägliche Leben zu stürzen. Der folgende Brief beschreibt sehr anschaulich die Charakterzüge der Gabriele Kaetzler: Politisch wach und entschlossen, an allem interessiert, das mühsam verdiente Geld am liebsten für revolutionäre Literatur, aber auch für die Bildung ihrer Kinder ausgebend, solidarisch-mitfühlend sich um Schwache und Kranke kümmernd, fürsorglich-zärtlich, aber auch durchaus energisch ihren Kindern gegenüber. Bei Egon Günther ruft dieser »hingebungsvolle Charakter« nicht zu Unrecht »unwillkürlich Erinnerungen an die russischen Volkstümler des 19. Jahrhunderts, die narodniki,*« hervor.* *

Gabriele Kaetzler an Wise

Meil, d. 13.1.19

Liebstes Wiselchen,
   hier bei der guten Siglin schreib' ich, damit d. Brotmarken nicht gar zu lange ausbleiben. – Ich habe heute früh im Zug die Nachrichten aus Berlin gelesen: Spartakus diesmal geschlagen, Helmi gefangen! Schreib mir, schreib »Rira bien, qui rira dernier«[1] um in der geliebten Sprache meines lieben Gérard zu reden. Nun bekomme ich nur den *Kommunisten;* die *Rote Fahne* wird wohl eine Weile nicht flattern.[2] Hier ist alles erfüllt von den Wahlergebnissen,[3] die sogar auf dem Lande alle nach links, v.a. Mehrheitssoz[ialisten] und Bauernbund ausgefallen sind; das Zentrum scheint viel eingebüßt zu haben. Ich habe mir von der *Aktion*[4] allerhand schicken lassen über Rußland: Verfassung, Bolschewismus, Lenin etc. An Lotte schick ich jeden Tag ein Packerl; Knief ist schwer krank, Lungenentzündung, – ob Du oder Fite am Ende hingehst? Also

---

1   Franz.: Wer zuletzt lacht, lacht am besten.
2   Die Berliner Druckerei der *Roten Fahne* wurde am 9./10. Januar 1919 von Regierungstruppen völlig zerstört.
3   Die Wahlen zum bayrischen Landtag fanden am 12. Januar 1919 statt.
4   *Die Aktion.* Zeitschrift für freiheitliche Literatur und Politik«, Hrsg. Franz Pfemfert, erschien von 1911 bis 1932.
*   Egon Günther, *Baierische Enziane,* a.a.O., S. 40.

Lotte brauchst Du nichts zu schicken. Laß Fite nicht ganz im Stich; ich zahle ihr in diesem Monat die 70 M zurück, die sie – ja Wise, so ein Mensch ist sie! – sofort telegraphisch auf die Nachricht von Papa's Tod mir geschickt hatte. Ob sie aber damit auskommt? Ich habe in diesem Monat noch einige Berge zu erklimmen: Stasis Reise und 14 Tage leben, seinen Buchhändler mit 50 M, die Jungens mit Schulgeld, Fahrkarten und Buchhändler 45 M, … (?) 20 M. Und daneben das teure Leben. Also ich kann Fitchen nicht mehr geben. Ja, Hilde (genannt i. d. Neuesten[5]: Frl. Kramer), Merl[6] und Mühsam waren verhaftet, sollen aber wieder frei sein. In München hat's 7 Tote gegeben, darüber starben sie fast vor Entsetzen.[7] Und dann erzählte gestern Steinicke[8] von Verdun, was er das Grausigste des ganzen Krieges fand, täglich 600 –1000 Tote, unerhört.

…

Küsse von Deiner Mutt.

5 *Münchner Neueste Nachrichten.*
6 Josef Merl, Mitglied der »Vereinigung Revolutionärer Internationalisten Bayerns«.
7 Nach der Freilassung der Kommunisten drangen Demonstranten am 10. Januar abends in den Bahnhof ein, worauf die Bahnhofswache das Feuer eröffnete. Fünf Personen (davon drei Frauen) wurden ermordet.
8 Georg Carl Steinicke, genannt »Papa Steinicke«, Nachbar und Freund von Gabriele Kaetzler; Verleger, Buchhändler und Mitbegründer der Schwabinger Buchhandlung Lehmkuhl.

Gabriele Kaetzler an Wise

Mühlhausen, d. 15.1.19

Liebe Wise,
ich bin ganz entsetzt über Dich: Du kannst doch nicht so ohne weiteres von Hirsch fort, ohne Kündigung etc. Und lerne doch von Wassermann,[1] Du mußt doch einen Beruf haben! Nun höre folgendes: Ich muß viel verdienen, habe in zwei Tagen bezahlt: 95 M für (...?), 100 M für (...?), 16 M für die Jungens. Also, ich kann Dich nicht brauchen. Nun höre: In Bremen ist der Kommunist am Ruder,[2] lies nur; Du gehst also nach Bremen zu Lotte. Ich schreib noch heute an sie – also geh zu Lotte.

Mutt

Wise Kaetzler folgt nicht den energischen Ratschlägen ihrer Mutter, wenigstens nach Bremen zu gehen, wenn sie schon Stellung und Ausbildung in Berlin aufgibt. Sie fühlt sich in der Hauptstadt nach der Niederschlagung der Räterevolution offenbar schon länger nicht mehr wohl – trotz ihrer selbstbewussten »Berliner Schnauze«. Vermutlich im Februar 1919 kehrt sie zurück an den Ammersee. Später trifft auch Fite, aus Jena kommend, wieder dort ein. Ob und wie schnell die beiden Schwestern dort Arbeit finden oder ihrer Mutter wieder »auf der Tasche« liegen, geht aus den Unterlagen nicht hervor – wohl aber, dass Gabriele Kaetzler weiterhin nicht nur ihre eigene Familie ernährt, sondern auch ihre Freunde in Bremen mit »Fresspaketen« versorgt. Irgendwann im Frühjahr erhält Wise aber in München eine Stelle als Kontoristin bei der Roten Fahne.

---

1 Mitarbeiter in der Röntgenpraxis von Dr. Hirsch, wo Wise zeitweilig arbeitete.
2 In Bremen war am 10. Januar 1919 unter maßgeblicher Mitarbeit der Kommunisten, d. h. des Kreises um Johann Knief und Lotte Kornfeld, die »Selbständige sozialistische Republik« ausgerufen worden.

Lotte Kornfeld an Gabriele Kaetzler

Bremen, den 15.1.1919

Sehr liebe Frau Kaetzler!
Heute bekam ich Packerl 3 von Ihnen und Ihren lieben Brief. Der hat uns beiden am meisten Freude gemacht. Sie werden aus meinem Brief schon gesehen haben, daß K[nief] an der Lunge jetzt nichts mehr von Bedeutung hat; es ist nur die Operationsgeschichte, deren Folgen, mit denen er jetzt liegt.

...

In Bremen sind gestern die ersten Schüsse gefallen.[1] Ich hörte sie von Kniefs Krankenzimmer aus. Die Kämpfe waren wenige Meter von uns. Es geht um die Bewaffnung des Proletariats, für und wider. Sie werden unseren Aufruf mit der Darstellung gelesen haben. Das Bürgertum, dem sich der sozialpatriotische Soldatenrat verkauft hat, will den Arbeitern die Waffen mit aller Gewalt nehmen. Die aber geben sie nicht her. Um keinen Preis. Am Sonntag den 19., am Wahltag,[2] wird der Kampf entbrennen, riesenhaft, überall im Reich. Das scheint mir gewiß. Ich glaube nicht mehr, daß diese Bewegung so ungeheuer revolutionärer Massen im ganzen Reich noch zurückgeworfen werden kann. ... Auch nicht durch den weißen Terror, wie er jetzt in Berlin herrscht.

...

Liebe Frau Kaetzler, wir hätten Sie manches Mal so gerne zwischen uns und später holen wir Sie ja auch nochmal – das ist ganz gewiss – dann müssen Sie einfach kommen, das ist halt die proletarische Diktatur, die dann ausgeübt wird.

...

Grüßen Sie die Kinder alle und Fite und Wise,
bestens

Ihre Lotte K.

---

1 Der Konflikt zwischen dem gemäßigten Bremer Soldatenrat und den radikalen kommunistischen Arbeiterräten entlud sich am 14. Januar 1919 im Putsch der Garnison.
2 Wahlen zur Nationalversammlung.

Lotte Kornfeld, die hier den »weißen Terror, wie er jetzt in Berlin herrscht« erwähnt, ahnt nicht, dass just an dem Tag, an dem sie diesen Brief schreibt, in Berlin Karl Liebknecht und Rosa Luxemburg diesem »weißen Terror« zum Opfer fallen. In dieser sowohl in Bremen wie auch Berlin und München angespannten Situation nimmt Gabriele Kaetzler weitere Belastungen auf sich: So, wie sie im Sommer 1918 bereits die Kinder von Sophie und Karl Liebknecht bei sich aufnahm, versorgt sie jetzt die Kinder von Johann Knief und seiner Frau Käthe, wie aus nebenstehendem Brief hervorgeht.

Mitglieder der Münchner KPD während der Demonstration auf der Theresienwiese am 16. Februar 1919. Beschriftet vom Erkennungsdienst der Polizeidirektion München nach dem 2. Mai 1919. Links neben dem Rosa-Luxemburg-Plakat: Hilde Kramer (»Frl. Kramer«).

Wise Kaetzler an Fite Kaetzler

R[iederau], 4.III. 19 (Fasching!!!)

Liebe!...

Du sollst hier in R. bleiben und Kniefs Kinder versorgen, die wir wahrscheinlich hernehmen ..., denn du findest ja doch keine Stelle... Also: Pflege hier die hungernden Kinder der Genossen. Ich war in Garmisch & bin als einsamer singender Wandersmann durch eine prachtvolle weiß & blaue Alpenpracht 4 Stunden lang nach Eschenlohe gewandert durch urmenschliche Dörfer und urwüchsige Bergbevölkerung. Dann nach Weilheim gefahren, dort spätabends mit anderen Gefährten jammernd herumgeirrt und Nachtquartier gesucht. Alles besetzt. Schließlich endete ich im Bett der Kellnerin, die mit der Wirtin in einem Bett im gleichen Zimmer ... wiehernd schnarchte. Am Morgen ging ich völlig ungewaschen fort. Zu Haus fand ich Mutt in demselben Zustand von den (?), kommend; so machten wir ein großes Wasch-Fest.

Schreib doch mal an Lotte, Bremen ... Klinik Dr. Langemann. Knief geht es sehr schlecht. Lotte hat jetzt auch Lungentuberkulose. Wie schön, dass es jetzt in Berlin wieder los geht.[1] Wenn es bloß in München bleibt. Mühsam und Levien waren wieder verhaftet,[2] dann hörte ich erzählen, dass das »Hauptquartier« der Kommunisten (wo Hilde auch ist) ausgehoben wäre, aber ich glaub es doch nicht so recht, denn schließlich haben doch jetzt – wenn auch nur augenblicklich – die Roten das Heft in der Hand.

Wir sagen immer gerührt: »Das Fitchen jetzt während der Streiks in Thüringen!«[3] Merkt man viel davon?

Am Sonntag war Resie hier, sehr nett & weißt du, was ihr Ideal ist? Das ewige Landhäuschen mit Mann & Kindern! Ist es nicht ein Jammer, daß sie nicht geheiratet hat? ...

---

1 Am 3. März 1919 proklamierten die KPD und der Arbeiterrat von Groß-Berlin unter der Parole »Alle Macht den Räten« den Generalstreik und begannen einen Aufstand. Der zum Reichswehrminister ernannte Noske (SPD) verkündete, daß jeder bewaffnete Aufständische sofort zu erschießen sei. Bis zur militärischen Niederschlagung der »Märzkämpfe« verloren 1.200 Menschen ihr Leben.

2 Seit dem 25. Februar 1919 tagte in München der Rätekongress. Am 28. drang dort die Republikanische Schutzwehr ein und nahm Mühsam, Landauer, Levien u.a. fest; sie mussten jedoch bald wieder freigelassen werden.

3 Im Februar/März 1919 fand der »mitteldeutsche Generalstreik« statt, bei dem u.a. die Sozialisierung der Großbetriebe gefordert wurde.

Diese Tage fahr ich nun in die City, auch zu Hilde, die sich viel netter entwickelt hat, die Retterin der Revolution.

Also addio! Ich bin einfach todmüde. Leb wohl & au revoir.

Toujours la tienne
Wise

Lotte Kornfeld an Gabriele Kaetzler

8. III. Bremen

Sehr liebe Frau Kaetzler,

...

Sehr froh war ich, nach so langer Zeit wieder einmal Nachricht von Ihnen zu erhalten. Sie sind doch ganz unbehelligt geblieben? Auch vor dem Gebiet Ihrer Bay[rischen] Räterep[ublik]? Von der, notabene, ich der Meinung bin, daß sie nicht lange dauern wird und zu wenig stabil ist, viel zu wenig ind[ustrielle] Arbeiterschaft, d.h. rev[olutionäres] Prol[etariat] in Bayern. Sie steht auf zu wenig breiter Grundlage, sie ist ein Produkt der Anarchie, nicht der prol[etarischen] Rev[olution].

...

Ob sie Packerle schicken sollen? Liebe Frau Kaetzler, wenn's geht, am liebsten etwas Eier und Butter.

...

Ich geb K[nief], was ich nur bekommen kann, das Fieber geht enorm – es dauert jetzt die 10. Woche, ... an guten Tagen nimmt er 3-4 Eier, wenn ich sie hab ... K. ist furchtbar nervös, die Hände zittern oft so, daß er kaum etwas halten kann, und er ängstigt sich immer schrecklich, daß man mich noch einmal fortholen[1] oder mir sonstwas passieren könnte. Wieso hat Wise die Arbeit in Berlin aufgegeben? War sehr schlecht: Und was wird werden? Sie hatte wohl Sehnsucht nach daheim. Und Fite? Was war es für ein Kursus in Jena? Was für eine Stellung sucht sie dann in München? Was treibt Stasi? Und was machen die Kleinen?

Herzlichst Ihre Lotte K.

Auch die »Packerle« von Gabriele Kaetzler können Johann Knief nicht mehr helfen: Er stirbt am 6. April 1919 an den Folgen einer verschleppten Blinddarmentzündung. Nach seiner Befreiung aus dem Gefängnis im November 1918 war er unermüdlich für die Revolution in Bremen im Einsatz gewesen und hatte viel zu spät ärztliche Hilfe in Anspruch genommen. Sein Begräbnis wird zu einer eindrucksvollen

---

1 Lotte Kornfeld war zusammen mit Johann Knief am 30. Januar 1918 in München verhaftet worden.

politischen Demonstration: Dem von 40 Marinesoldaten eskortierten Sarg folgen Zehntausende von Menschen.

Einen Tag nach Kniefs Tod wird in München die – »erste« – Räterepublik ausgerufen, am 13. April 1919 die »zweite«. Es lässt sich vorstellen, dass auch bei den Kaetzlers lebhaft diskutiert wurde: Vielleicht tendierte Hilde Kramer, die zu dem Kreis um Erich Mühsam gehörte, eher zur ersten Räterepublik, vielleicht fand dagegen Wise Kaetzler mit Eugen Leviné und anderen diesen Zeitpunkt zu früh? Vielleicht haben sie auch über diese ideologischen Grabenkämpfe die Köpfe geschüttelt gemäß Fite Kaetzlers Bemerkung:
»Sozi ist doch schließlich Sozi; mein Gott, das Ziel ist doch dasselbe und das ist doch das ausschlaggebende!« Sicher ist hingegen, dass Gabriele, Fite und Wise Kaetzler sowie Hilde Kramer auch jetzt wieder ständig »auf der Straße«, unermüdlich politisch aktiv sind.
Briefe gehen in diesen Aprilwochen des Jahres 1919 nicht mehr hin und her, da die Kaetzlers ja jetzt wieder in Riederau bzw. München vereint sind. Aber auch mit Sophie Liebknecht und Lotte Kornfeld, beide verzweifelt über den Tod ihrer Lebensgefährten und trotzdem nicht zur Ruhe kommend bei den sich fast täglich überstürzenden politischen Ereignissen, gibt es in diesem Frühjahr keinen Kontakt mehr.

Der Terror der Weißen Garden bei der Niederschlagung der Bayrischen Räterepublik macht auch vor Familie Kaetzler nicht halt. Gabriele Kaetzler und ihre Töchter befinden sich Anfang Mai gerade in München, in Hilde Kramers Wohnung. Dort werden sie am 2. Mai 1919 verhaftet. Hilde Kramer ihrerseits kann am 1. Mai untertauchen und geht zu Fuß nach Riederau. Dort wird sie eine Woche später ebenfalls verhaftet. Gabriele Kaetzlers Haus wird von den Weißen Garden durchsucht. Körbeweise wird schriftliches Material beschlagnahmt. Kopien des Briefwechsels mit Lotte Kornfeld werden nach Bremen geschickt, damit sie dort im Prozess gegen sie verwendet werden können. Gabriele Kaetzler und Hilde Kramer sitzen in München-Stadelheim im Gefängnis, Fite und Wise werden in das Frauengefängnis Aichach überführt.

Polizeibericht

Stadtkommandantur,
München, am 8. Mai 1919 Fahndungsabteilung

Vorbemerkung

Von zuverlässiger Seite wird hier mitgeteilt, daß die Familie Ketzler in Riederau am Ammersee Spartacisten sind, was sie öffentlich herumsagen und was allgemein in Riederau auch bekannt ist. Im vorigen Sommer 1918 hat der Sohn von Liebknecht dort längere Zeit Aufenthalt genommen, da er, wie nachträglich bekannt wurde, vermutlich mit einer der Töchter ein Verhältnis hatte. Eine der Töchter ist auch im Laufe des vorigen Sommers mehrmals nach Berlin zu Liebknecht gefahren. Ebenfalls ist eine Tochter, Name kann nicht angegeben werden, in letzter Zeit bei einer spartacistischen Gruppe in München als Bürofräulein tätig gewesen. Die Familie Ketzler ist bei jeder Demonstration, welche in München stattgefunden hat, anwesend gewesen. Frau Ketzler hat in Eisenbahnwägen und bei den Bauern auf dem Lande Vorträge gehalten und die Bauern aufgehetzt.

gez. Meier Kriminalbeamter

Keine der vier im Gefängnis sitzenden Frauen macht Aussagen vor Polizei und Justiz, geschweige denn, dass sie Andere belastet. So wird ihnen schließlich am 10. Mai 1919 zum Aushorchen ein Spitzel in die Zelle geschickt wird – eine Frau Flamersfeld, die sich bereits bei ähnlichen Diensten für die SPD-Regierung unter Johannes Hoffmann »bewährt« hatte.

Spitzelbericht

München, den 11. Mai 1919

Protokoll

Auf ausdrücklichen Wunsch der Herren Leutnant Schmid und Leutnant Raben Nachrichtenabteilung Kriegsministerium hat die Militärpolizei die Vernehmung der

Hilde K r a m e r
Gabriele K ä t z l e r
Wiese K ä t z le r
Fite K ä t z l e r

vorzunehmen. Da sämtliche vier Verhafteten jegliche Aussage immer verweigern, wird Fräulein F l a m e r s f e l d, die wiederholt für die Regierung Hoffmann Kurierdienste leistete, der Reihe nach zu den Verhafteten gebracht und erklärt dort Folgendes:
Zuerst wurde ich zusammen mit der in Einzelhaft befindlichen Frau Gabriele Kätzler am 10. Mai 1919 abends 7 Uhr eingesperrt und war bis 10 Uhr nachts mit ihr in der Zelle zusammen. Sie gestand, daß sie Kommunistin sei, ihren Ausweis der kommunistischen Partei habe sie vor ihrer ersten Verhaftung (sie war schon einmal sechs Tage verhaftet, vom 2. bis 8. Mai 1919) einem älteren Herrn zur Aufbewahrung gegeben. Sie war nach ihrer eigenen Erzählung zu Propagandazwecken im Dienste der Kommunisten in Weil bei Landsberg. Frau Kätzler erwähnte auch einen Dr. Held, der viel bei Dr. Ludwig, Leopoldstr. 42 verkehre und der mit Levien in Versammlungen in der Adalbertstr. viel zusammengekommen sei. Sie erzählte auch noch, daß eine gewisse Frieda Winkelmann[1] vom Kultusministerium in Berlin den Kommunisten dadurch sich sehr nützlich zeige, daß sie, um deren Treiben zu erleichtern, ihnen falsche Pässe ausstelle. Als ich nämlich ihr vorjammerte, daß ich nun auch wahrscheinlich München verlassen müsse, und nicht wisse, wohin ich mich wenden solle, riet sie mir, auch nach Berlin zu gehen und mir von der Winkelmann einen falschen Paß ausstellen zu lassen. Des weiteren erzählte mir die Kätzler, daß sie wisse, daß die Hilde Kramer eine sehr umfangreiche, verantwortungsvolle Tätigkeit gehabt habe. So habe die Kramer z. B. viele Haftbefehle erlassen und wußte auch von dem Vorhaben, die Geiseln zu erschießen.

1 Frida Winckelmann (1873-1943), KPD-Mitglied, Reformpädagogin und Bildungspolitikerin.

Nach 10 Uhr bis 12 ½ Uhr nachts ließ ich mich zu der Wiese Kätzler einsperren. Aus ihr war nicht viel herauszubekommen. Ich habe ihr Mitleid erregt und den Eindruck gewonnen, daß sie zu mir sehr offen sei, doch scheint sie tatsächlich nicht viel zu wissen. Sie erzählte mir, daß sie Mitarbeiterin der *Roten Fahne* gewesen sei und daß sie von der Kramer nicht viel wisse. Sie habe nur in deren Wohnung gewohnt, weil sie anderwärtig keine Wohnung gefunden hätte. Ihr Zusammen-Wohnen sei also hier Zufall. [Ganz offensichtlich lügt hier Wise; offenbar hat sie Verdacht geschöpft – d.V.] Ihre Schwester Fite sei völlig unschuldig verhaftet, denn diese habe sich politisch überhaupt nicht betätigt. Daß die Gabriele Kätzler verhaftet ist, weiß die Wiese nach wie vor nicht.

Von 1 Uhr früh bis 10 Uhr vorm. war ich dann in der Zelle, in der die Hilde Kramer mit einer völlig indifferenten Verhafteten zusammen war. Die Kramer erzählte mir allerlei Schandtaten der Weißen Garden und dann auch von ihrem Bräutigam Petermeier (oder Peter Maier);[2] der Adjutant der Stadtkommandantur gewesen sei und mit der Kasse der Stadtkommandantur geflüchtet sei. Die Kramer sorgt sich sehr um ihren Bräutigam, dessen derzeitigen Aufenthalt sie nicht kennt. Ihr Bräutigam habe vor seiner Flucht von dem gestohlenen Geld einen Betrag von 5 000 M an den Bruder des Petermaier abgegeben. Sie rechnet schon heute stark damit, daß sie von diesen 5 000 M nach ihrer Freilassung einen großen Teil bekommen wird, falls der Bruder ihres Bräutigams noch nicht verhaftet und damit das Geld verloren ist. Im übrigen erklärte sie mir auf das bestimmteste, daß sie bei Vernehmungen unter gar keinen Umständen irgend etwas aussagen würde, da sie keinen Genossen verrate.

Im Laufe unserer Unterhaltung kamen wir auch auf Ausweispapiere zu sprechen, und sie erzählte mir voller Freude, daß man ihre Ausweise nicht gefunden habe, da sie dieselben vorsichtigerweise in ihren Schuhen versteckt hatte.

Die Schuhe wurden daraufhin durchsucht und die beiliegenden Ausweise gefunden.

Über Leviné-Niessen sagte die Kramer u.a.: »Die Frau des Leviné-Niessen tut mir recht leid, sie ist krank und hat ihr Kind dabei, ich hoff's aber, daß man sie nicht erwischt, denn ich habe ihr seinerzeit

---

2 Richtig: Karl Petermaier (KPD), Adjutant des Münchner Stadtkommandanten während der Räterepublik; danach 1 ½ Jahre Festungshaft.

falsche Papiere ausgestellt, die es ihr und ihrem Kind ermöglichen sollten, unter dem Namen Hermann aus Königsberg in der Nahe Münchens, sich auf dem Lande aufzuhalten.«[3] Frau Leviné-Niessen sehe sehr leidend aus.

...

Frl. Flamersfeld ergänzt noch ihre Angaben dadurch, daß Frau Gabriele Katzler ihr auch noch erzählt habe, daß ursprünglich geplant war, daß Hilde Kramer, Levien und Leviné-Niessen im Flugzeug fliegen sollten.

Die Gabriele Katzler bedauerte sehr, nicht Gelegenheit zu haben, die Hilde Kramer sprechen zu können, denn sie sei fest überzeugt, daß die Hilde Kramer ihr den Schlupfwinkel Leviens sagen könne. Für die Verhafteten bin ich eine bekannte Berliner Kommunistin Forster und wurde auf der Flucht verhaftet.

...

Die Gabriele Katzler bemerkte übrigens auch, daß sie unter gar keinen Umständen bei Vernehmungen etwas aussagen wird.

3 Aufgrund dieser Bemerkungen Hilde Kramers fahndet später die Spitzelin – leider mit Erfolg – nach einer »Frau Hermann aus Königsberg«. Zum Schein lässt sie sich zusammen mit Rosa Leviné , der Witwe des wenige Wochen zuvor ermordeten Eugen Leviné, festnehmen und betreibt weiter ihr schmutziges Geschäft.

Gabriele Kaetzler, ihre beiden ältesten – nach damaligem Gesetz noch minderjährigen – Töchter Fite und Wise sowie ihre Pflegetochter Hilde Kramer sind also seit Mai 1919 in bayrischen Gefängnissen inhaftiert. Zuhause, in Riederau, sitzen völlig allein und ihrem Schicksal überlassen ihre jüngeren vier Kinder im Alter von 12 bis 17 Jahren. Aber das reichte offenbar noch nicht an »Bestrafung«. Die Justizbehörden verhängten zusätzlich noch eine »Briefsperre«, wie aus dem nachfolgenden Brief hervorgeht: Gabriele Kaetzler konnte nicht mit ihren Kindern korrespondieren und sie konnten es nicht mit ihr. Bayrischer Staat – notabene unter einer SPD-Regierung – und bayrische Justiz hatten offenbar in ihrem Hass auf die Rätebewegung keine Probleme damit, eine 47-jährige Witwe, allein erziehende Mutter von sechs Kindern, so zu bestrafen und zu demütigen. Das alles in einem erzkatholischem Land, in dem bis heute die Fahne der »Unantastbarkeit der Familie« geschwenkt wird.

Die Kinder von Gabriele Kaetzler – von der 12-jährigen Betschi bis zum 17-jährigen Stasi – scheinen trotzdem keinen Schaden genommen zu haben, offensichtlich haben sich Freundinnen und Freunde um sie gekümmert, gab es eine fürsorgliche Solidarität.

Stasi Kaetzler an seine Schwestern Wise und Fite

(ohne Datum und Ortsangabe
wahrscheinlich Ende Juni 1919)

Fräulein Wise Kaetzler
Fräulein Fite Kaetzler
Aichach bei Augsburg, Frauengefängnis

Liebe Fite und Wise!
Ich kann Euch endlich mal schreiben, weil die Briefsperre, die über uns verhängt war, heute aufgehoben wurde, und weil ich weiß, wo ihr jetzt seid. Mutt ist in Stadelheim. Ich hab sie jetzt ein paarmal besucht. Es geht ihr körperlich gut, sie sieht wie früher aus. Hilde, der es zuerst schlecht ging, und Frau Bertels[1] sind auch in Stadelheim. Die anderen

---

1 Marie Bertels, Mitglied des »Bundes sozialistischer Frauen«.

Genossen: Weinberger[2], Eglhofer[3] und Landauer[4] sind totgeschlagen bzw. erschossen und totgeprügelt worden.

Petermaier[5] hat sich freiwillig gestellt, ist jetzt in Ingolstadt, wo es die Gefangenen ganz gut haben, wie mir Frau Muth, die hier war, erzählte. Mairgünther[6] verhaftet. Klingelhöfer zu 3 Jahren Festnahme verdonnert. Toller[7] auch in Stadelheim. Und das größte Verbrechen: Leviné erschossen, Mutt hat die Schüsse gehört. Er wurde an die Gefängnismauer in Stadelheim gestellt, rief »Es lebe die Weltrevolution!« und wurde von 10 Weißgardisten niedergeknallt. Levien ist Gott sei Dank noch frei. Die U.S.P.M. haben eine Sammlung für die Hinterbliebenen der gefallenen und erschossenen Genossen gemacht.

...

Der Teilhaber[8] hat das Gesuch um Ausweisung schon eingereicht, er hofft sehr, daß ihr bald frei werdet. Hauptsache: Ich – moi – fahre morgen nach der Negerdorfkolonie Berlin, um dann aufs Technikum zu gehen. Ich konnte mich wenigstens von Mutt richtig verabschieden, sonst muß man immer durch ein ganz enges, zimmerhohes Gitter miteinander sprechen. Gestern kamen Tom[9] und ich aus München. Als wir ausstiegen, sagte die Münserin, das Biest, recht laut: Ich wundere mich, daß die zwei Lumpen noch frei sind. Ich wurde natürlich wütend und brüllte das Weibsbild an: Paß nur auf, daß wir dich nicht nochmal einsperren, du Bourgeois! Mir fiel leider gerade nichts besseres ein. Nachher hat sich sogar mein großer Zeh gefreut, daß ich dem Biest so übers Maul fuhr. Eine Handgranate wäre vielleicht wirksamer gewesen. Hier ist die Militärdiktatur schlimmer als 1914. »Herr von Epp[10] regiert«,

2 Willy Weinberger, Stellvertreter des Stadtkommandanten Mehrer, ab 18. April 1919 Münchner Stadtkommandant.
3 Rudolf Eglhofer, Münchner Stadtkommandant (KPD), Oberkommandierender der Roten Armee.
4 Gustav Landauer, Schriftsteller, Anarchist, Volksbeauftragter für Volksaufklärung beim Arbeiter-und-Soldaten-Rat.
5 Karl Petermaier, s. Anm. S. 114.
6 Ferdinand Mairgünther, Münchner Polizeipräsident in der 2. Räterepublik.
7 Ernst Toller, Dramatiker, USPD, Vorsitzender des Zentralrates der Arbeiter-, Bauern- und Soldatenräte in der 1. Räterepublik, Kommandant der bayrischen Roten Armee in Dachau.
8 Rechtsanwalt der Familie Kaetzler.
9 Thomas Kaetzler (1904-1987), jüngerer Bruder von Stasi.
10 Ritter von Epp, stellte das nach ihm benannte Freicorps zur Niederschlagung der Bayrischen Räterepublik auf.

wie ich gerade in einem alten Flugblatt der Räterepublik las. Überall in München Drahtverhaue und Maschinengewehre, um die »Ordnung« (nämlich die der Kapitalisten) aufrechtzuerhalten und gegebenenfalls die Arbeitssklaven niederzuschießen. Die Bourgeoisie triumphiert, triumphiert so, daß ich mich wundere, daß nicht alle Augenblicke auf offener Straße so ein Aussauge-Schmarotzer und Protzvieh niedergeschlagen wird. Offiziere mit Reitpeitsche und Monokel, »fesch« vaterländische Kundgebungen mit der »Wacht am Rhein«« sind alltägliche Erscheinungen … Die Bürokratie, Skrupellosigkeit, Hochmuth, Frechheit, Eingebildetheit und Dummheit der Soldateska, Offiziere wie Gemeine, ist grenzenlos und mehr als provozierend.

…

Mit kommunistischem Gruß, Stasi

… Ob dieser etwas scharfe Brief ankommt???

Natürlich wird der »etwas scharfe« Brief Stasi Kaetzlers abgefangen und erreicht seine beiden Schwestern nicht. Fite und Wise werden am 29. Juni 1919 aus der Haft entlassen mit der Auflage, Bayern zu verlassen. Beide ziehen nach Berlin. Gegen Hilde Kramer und Gabriele Kaetzler wird Anklage wegen Beihilfe zum Hochverrat erhoben. Viele ihrer Nachbarn und Freunde setzen sich für Gabriele ein, schließlich wird sie freigesprochen und am 4. Juli 1919 aus der Schutzhaft entlassen. Nur Hilde Kramer sitzt weiter im Gefängnis und schreibt revolutionäre Briefe, die beschlagnahmt werden.

Hilde Kramer an ihre ehemaligen Lehrerinnen

Stadelheim, 16. Juli (1919)

Sehr verehrtes Fräulein Fischer!
Sehr verehrtes Fräulein Koch!

Da es wegen der Kontrolle von den Richtern nicht gern gesehen wird, wenn wir viele Briefe schreiben, richte ich diesen Brief an sie beide gemeinsam, zumal ich Ihnen dasselbe zu sagen habe. Zunächst möchte ich Ihnen herzlich danken für Ihre lieben Briefe, die mich sehr, sehr gefreut haben. Man freut sich hier immer so sehr über jeden Brief und jeden Gruß von der Außenwelt! Man hört und sieht ja hier nichts außer den Nachrichten der Zeitung, und da besitzt nur eine von uns die *Münchner Neuesten Nachrichten,* die dann wandern muß von Hand zu Hand. Augenblicklich sind wir nur noch 9 weibliche politische Gefangene. Ich sollte eigentlich morgen Verhandlung haben, aber nun ist sie wieder verschoben worden, ich nehme an wegen Tollers Verhandlung, die wir hier natürlich mit Spannung verfolgen. Mich wundert, daß es bei mir überhaupt zur Verhandlung gekommen ist, ich bin doch noch ein so untergeordnetes Wesen in der Partei und war es auch in der Räterepublik, daß ich mich eigentlich geehrt fühlen darf, wenn man von mir so viel Notiz auf der Seite der Gegner nimmt. Allerdings erwarte ich bestimmt einen Freispruch; hoffentlich tut man mich dann nicht noch in Schutzhaft. Wenn ich ausgewiesen werde, dann ist es sehr gut möglich, daß ich über Ilmenau fahre und dort ein paar Tage bleibe. Ich möchte doch das alte, liebe Nest einmal wiedersehen. Hoffentlich darf ich Sie dann auch besuchen, trotzdem ich augenblicklich hinter Gittern sitze. – Freilich lebe ich jetzt in einer ganz anderen Gedankenwelt als damals in Ilmenau. Jetzt stürze ich mich täglich auf die Zeitung und lese voll Freude, daß sich überall die Anzeichen der Weltrevolution bemerkbar machen. – Aus Ihren Briefen klingt ein sehr geringschätziges Urteil über die geistigen und moralischen Fähigkeiten des deutschen Proletariats.

...

Sie glauben, daß die kommende Generation noch unter den Sünden der jetzigen wird leiden müssen? Nein, ich glaube und bin fest überzeugt davon, daß wir für die Kommenden kämpfen, im Gefängnis sitzen, daß unsere Führer für sie starben. Wir machen der neuen Generation den Weg frei, wir bereiten für sie eine neue Zeit...

Diesen neuen Menschen wird es obliegen, das was wir in der kommenden Räterepublik – und sie wird kommen trotz aller Noskeschen[1] Maschinengewehre – beginnen, fortzuführen, eine Gemeinschaft (keinen Staat) zu gründen, an deren Geschäften sich das ganze arbeitende Volk beteiligt. Und um dieses Ziel vorzubereiten und anzubahnen, brauchen wir den Bürgerkrieg, da er sich eben nicht umgehen läßt. Denn eine herrschende Klasse läßt sich nicht ohne weiteres ihre Herrschaft nehmen, und wenn man uns mit Maschinengewehren angreift, so müssen wir mit Maschinengewehren antworten. Das erscheint uns heilig und hoffnungsvoll. Ihnen erschien der Weltkrieg als heiliges, unabwendbares Mittel zur Wahrung der heiligsten Güter, uns ist es der Bürgerkrieg.

…

Ich kenne Leviné und Levien und weiß, daß es große Menschen sind, daß sie sich, ohne eigennützige Interessen zu vertreten, ganz geopfert haben. Der Tod Levinés hat mir den Glauben gegeben an die Menschen und jeder, der ihn gekannt hat, weiß, daß er einer der edelsten Revolutionäre und Arbeiterführer war. Sie hoffen, daß ich später einmal anders denken werde, ich muß Ihnen aber sagen, daß es für mich nichts anderes geben würde als mir eine Kugel durch den Kopf zu schießen.

…

Sie fragen mich nach meinem Verlobten und weisen dabei gleich auf die Ehe hin. Ich denke ja gar nicht daran zu heiraten! Um mir mein persönliches Leben zu gestalten, brauche ich keinen Stempel vom Standesamt. Mein Verlobter – ich könnte ihn besser meinen Freund nennen – ist ein Student, den ich im November im Soldatenrat, wo ich gearbeitet habe, kennengelernt habe… Heiraten werden wir aus Prinzip nicht. Wenn wir uns einmal nicht mehr verstehen sollten, wollen wir uns ohne Bitterkeit und ohne daß eine Behörde sich einmischt, trennen können… Hier in Bayern ist ja die Anschauung über derlei Dinge überhaupt viel freier, da ist freie Liebe etwas Allgemeines…

Es freut mich sehr, daß in Ilmenau die Kinder sich an mich erinnern. … Es würde mich sehr, sehr freuen, bald einmal wieder etwas von Ihnen zu hören.

Mit den herzlichsten Grüßen bin ich Ihre dankbare
Hilde Kramer

1 »Bluthund« Gustav Noske (SPD), verantwortlich für die Niederschlagung der Revolution in Berlin.

Hilde Kramers Prozess wird vom Standgericht an das Volksgericht überwiesen. Da die Hauptbelastungszeugin – der Lockspitzel – nicht vor Gericht erscheint, wird auch Hilde freigesprochen.

In den Münchner Neuesten Nachrichten *wird süffisant und abschätzig – in klassisch patriarchaler Manier – über den Prozess gegen Hilde Kramer berichtet:*

Prozessbericht *Münchner Neueste Nachrichten*

Die Sekretärin des Stadtkommandanten

München, 1. August

... Hilde Kramer, die zu den bekanntesten Persönlichkeiten der Revolutionszeit zählte, wurde aus der Haft vorgeführt. Man stellte bei ihrem Erscheinen fest, dass die Bezeichnung, die im Laufe der Verhandlung fiel, »das revolutionäre Mädchen mit dem Tituskopf« wenigstens insofern nicht mehr zutraf, als sie in der Haft ihr Haar wieder hatte wachsen lassen. Die Verhandlung gestaltete sich recht unterhaltsam... Als ihr vorgehalten wurde, sie habe am 7. November an der Friedenssäule Auer zugerufen »Schuft, Lügner, Verräter!« erklärte sie seelenruhig: »Das ist er doch auch!« – was ihr der Vorsitzende entschieden verwies. Aber auch dieses wilde Mädchen ... konnte die milderen Seiten ihrer Weiblichkeit nicht ganz verleugnen. Eigenhändig kehrte sie in der Kommandantur, die das offensichtlich sehr nötig hatte...

Sofort nach ihrer Entlassung aus dem Gefängnis wird Gabriele Kaetzler wieder politisch aktiv, versteckt Verfolgte und wird ihrerseits verfolgt. In einer Anweisung der Münchner Polizei an die Polizeidirektion Diessen vom 26. September 1919 heißt es:
»Eine scharfe Kontrolle sämtlicher bei Frau Kaetzler verkehrenden Personen ist angezeigt, da die Genannte nach Aktenlage eine fanatische Kommunistin ist.«

Im Oktober 1919 bricht Gabriele ihre Zelte am Ammersee endgültig ab. 1908, elf Jahre zuvor, war sie aus der aristokratischen Enge ihres preußischen Elternhauses nach Bayern geflüchtet, damals ein Dorado für fortschrittliche, avantgardistische Künstler und Linksintellektuelle, selbst für russische Revolutionäre wie z.B. Lenin. Jetzt aber hatte die »Ordnungszelle Bayern« erstmals ihre brutale Fratze gezeigt. Weitaus blutiger als im gesamten übrigen deutschen Reich war hier die Räterevolution niedergeschlagen worden, hatte sich dabei ein gewisser Adolf Hitler seine ersten Sporen verdient.

2. Gabriele Kaetzler, ihre Töchter und ihr Umkreis nach 1919

(Fragmente)

> *Und dieses Land ist nicht sympathisch; das Naziwesen hat seinen Stil doch stark aufgedrückt, immer wieder begegnet man dieser zackigen, überheblichen Art.*

Gabriele Kaetzler (1947)

Es hat etwas Voyeuristisches, private Briefe aufzuspüren und zu lesen, die nie für die Augen Dritter bestimmt waren. Dieses etwas zwiespältige Gefühl verließ mich auch nicht, als ich die Briefe aus der Akte Kaetzler /Kramer in der 1. Auflage dieses Buches veröffentlichte. Auch wenn man sich wiederholt sagt, dass Absender und Adressaten schon lange tot sind, dass die Briefe bereits durch die Hände von unzähligen Polizisten, Staatsanwälten, Richtern und Archivaren gegangen sind – ganz eliminieren lässt sich dieses Gefühl nicht.

Sowohl Egon Günther, der für sein Buch *Baierische Enziane* recherchierte, als auch ich hofften in den letzten Jahren, auf eine weniger zwiespältige Weise an Dokumente heranzukommen, die Aufschluss geben über die weiteren Lebensstationen der Familie Kaetzler. Da Gabriele Kaetzler sechs Kinder hatte, gingen wir davon aus, dass es auch eine gewisse Anzahl an Enkeln und Urenkeln geben müsste, von denen der eine oder die andere noch Briefe und Dokumente aufbewahrte und deren eventueller Veröffentlichung positiv gegenüberstehen würde. Dass die Kaetzlers gern und viel Briefe schrieben, wussten wir ja. Trotz umfangreicher Recherchen sind wir nicht fündig geworden, d.h. wir haben keine weiteren Briefe oder Original-Dokumente der Kaetzlers gefunden. Alle Kaetzler-Kinder sind inzwischen verstorben. Soweit zu eruieren war, hatte Gabriele Kaetzler nur vier Enkelkinder, von denen wiederum mindestens zwei ebenfalls bereits verstorben sind. Nachlässe sind vernichtet, nicht mehr auffindbar oder werden zurückgehalten.

Einige »Fundstücke« gibt es dennoch: Da ist erstens der Nachlass Adolf Steinschneider, den dessen Tochter Marie Louise Steinschneider dem Deutschen Exilarchiv in Frankfurt zur Verfügung gestellt hat.[1] Frau Steinschneider ermöglichte uns freundlicherweise den Einblick und unterstützte uns nach Kräften bei unseren Recherchen: Ihr Vater Adolf Steinschneider war der geschiedene Mann von Fite Kaetzler. Briefe von /an Gabriele bzw. Fite Kaetzler sind allerdings in diesem umfangreichen Nachlass nicht vorhanden, wohl aber werden beide Frauen in Briefen an andere Personen des Öfteren erwähnt (dazu Näheres an entsprechender Stelle).

Zweitens existiert ein Briefwechsel aus sehr viel späterer Zeit (1946/47) zwischen Gabriele Kaetzler und dem Züricher Pfarrer Vogl, der im

---

1 Die deutsche Bibliothek Frankfurt am Main, Deutsches Exilarchiv 1933-1945, Depositum Adolf Moritz Steinschneider.

Archiv für Zeitgeschichte an der Eidgenössischen Technischen Hochschule (ETH) in Zürich[2] lagert..

Weitere Quellen, die sporadisch Auskunft geben über die Lebensstationen der Kaetzlers, nachdem sie Bayern 1919 verlassen hatten, sind Berichte von Zeitgenossen wie z.b. die Autobiografien von Alexander Abusch, dem zeitweiligen Lebensgefährten von Wise Barthel, geborene Kaetzler. Und last but not least taucht der Name »Kaetzler« weiterhin in Polizeiberichten auf.

2.1 Die Jahre 1919-1933

Im Oktober 1919 bricht Gabriele Kaetzler ihre Zelte am Ammersee ab und zieht mit ihren drei jüngsten Kindern »Tommy«/Thomas (1904 Elsterberg/Thüringen – 1987 Böblingen), »Assi«/Erasmus (1906 – 1980 Milano) und »Betschi« oder »Bacci«/Beate (1907 – 1997 Godesberg) nach Worpswede bei Bremen; sie kennt dort den Maler und Kommunisten Heinrich Vogler, der seinerseits mit Johann Knief zusammengearbeitet hat. Sie ist nicht die einzige Frau, die sich, aus Bayern geflüchtet bzw. verwiesen, in Vogelers »Kommune«-Projekt Barkenhoff aufhält. Auch Rosa Leviné, die Witwe von Eugen Leviné, lebt zeitweilig dort und streitet mit Heinrich Vogeler um die richtige politische (Partei-)Linie. In Worpswede trifft Gabriele Kaetzler auch Lotte Kornfeld wieder, die bereits nach Kniefs Tod im Frühjahr 1919 dorthin übergesiedelt war. Heinrich und Martha Vogeler hatten sich der verzweifelten jungen Frau angenommen. Lotte Kornfeld kauft sich von dem großväterlichen Erbe ein Haus auf dem Gelände des Barkenhoffs und trifft viele Freunde aus Berlin und Bayern wieder. Weder der Name von Lotte Kornfeld noch der von Gabriele Kaetzler taucht übrigens in der umfangreichen Barkenhoff-Literatur auf (aber das erscheint inzwischen fast überflüssig zu erwähnen...).

1919 heiratet Lotte den Bremer Drucker Friedrich Stucke, der nach Polizeiberichten auf dem Barkenhoff eine geheime Druckerei betrieb. 1920 veröffentlicht Lotte Kornfeld die Briefe, die Johann Knief ihr aus der Berliner Schutzhaft schrieb.[3] 1921 kehrt sie zurück nach Berlin, wo ihr Sohn Gerhard Stucke geboren wird; von Stucke ist sie inzwischen

---

2 Signatur NL Paul Vogt 3.4.1.10.
3 Johann Knief, *Briefe aus dem Gefängnis*, Berlin 1920.

geschieden. 1922 geht sie eine Beziehung mit Fritz Schlesinger ein, mit dem sie zwei Söhne bekommt: Thomas (geb. 1925) und Jan (1935-2000).

Über die Zusammenarbeit zwischen Heinrich Vogeler und Johann Knief vor dessen Tod gibt folgender Brief Auskunft:

Heinrich Vogeler an Johann Knief

Abschrift der Polizeidirektion München
(ohne Ort und Datum, wahrscheinlich Bremen Anfang 1919)

Genosse Knief
Könnt Ihr meine Mitarbeit gebrauchen, trotzdem dass ich die Forderungen, wie sie in dem Hamburger Parteiprogramm stehen, nicht unterschreiben kann? ...
Euer Kommunist ist das reinste und klarste, was je während der ganzen Zeit der Revolution herausgekommen ist und es wäre mir eine große Freude, wenn Ihr von mir Gedanken gebrauchen könntet...

Mit brüderlichem Gruss
Genosse Heinr. Vogeler

Wir bitten um Parteiunterlagen (das Wort Partei geht mir immer verflucht schwer über die Zunge, da es meinem kommunistischen Sinne widerstrebt). Also es fehlt in unserer Gemeinschaft noch an der organisatorischen Unterlage, wie habt ihr alle das eingerichtet?

Die Abschrift dieses innerhalb von Bremen verschickten Briefes findet sich übrigens ebenso in der Münchner Kaetzler–Akte wie andere Dokumente aus Bremen. Auch ohne Kopiergerät, Fax und Internet, dafür aber vermutlich mit einer stattlichen Anzahl von »Schreibmaschinenfräuleins« hat der polizeiinterne Informationsaustausch über »gefährliche Revolutionäre« im Deutschen Reich offenbar nicht schlecht funktioniert.

1920 siedelt Gabriele Kaetzler von Worpswede in ihre Heimatstadt Berlin über, wo auch Fite und Wise bereits leben. Vermutlich versteckt sie auf dem Dachboden von der Polizei gesuchte Personen, z. B. den aus der Haftanstalt Niederschönenfeld geflohenen Würzburger Räterepublikaner und Schweizer Kommunisten Anton Waibel. Ihre Wohnung dient vielen als Deckadresse, u. a. auch Thekla Egl. So zumindest steht es in den Polizeiakten.

Zeitweilig kommen die Kaetzlers bei der Familie von Max Steinschneider unter, einem der Mitbegründer der »Liga für Menschenrechte«. Dessen Sohn, den Juristen und Linksintellektuellen Adolf Moritz Steinschneider (1894 – 1944), hatte Wise während der Novemberrevolution in Berlin kennen gelernt. Ihre Schwester Fite und Adolf Steinschneider verlieben sich ineinander und heiraten Mitte der 1920er Jahre in Prag. 1927 wird ihr gemeinsamer Sohn Stefan, genannt Abbi, geboren; die Beziehung scheitert aber bald, zumal Adolf Steinschneider eine Geliebte hat: Eva Reichwein geb. Hillmann, die ihrerseits noch mit dem sozialdemokratischen Reformpädagogen Adolf Reichwein verheiratet ist, und die ebenfalls 1927 ein Kind von Adolf Steinschneider bekommt: Marie Louise, genannt Musch.

Auch Wise heiratet Anfang der 20er Jahre: den bekannten expressionistischen »Dichter der proletarischen Jugend« Max Barthel (1893-1975). Mit ihm unternimmt sie eine Reise ins nachrevolutionäre Russland. 1923 wird ihr gemeinsamer Sohn Thomas (»Tiki«) Barthel (1923-1997) geboren; bald darauf trennt sie sich von Max Barthel, der in seinen politischen Anschauungen immer mehr nach rechts driftet und schließlich begeisterter Nationalsozialist wird.

Gabriele Kaetzler ist unterdessen weiterhin in Berlin unermüdlich politisch aktiv. Im März 1921 wird sie bei einer von der KPD organisierten Arbeitslosendemonstration verletzt, als die Polizei auf Demonstranten schießt. Zufällig ist ein Korrespondent der *Chicago Tribune* anwesend, der Gabriele offensichtlich im Krankenhaus besucht hat und folgenden Bericht veröffentlicht:

The New York Times, April 1, 1921

Von der Goltz's Niece a Communist Leader

...

Berlin, March 31. Mrs. Gabrielle Kaetzler, the daughter of a former Admiral and a niece of the late Field Marshal von der Goltz, received a correspondent for The Chicago Tribune *today in a ... Berlin hospital, to which she had been taken after being wounded when police fired on a party of Communist unemployed, which she was leading... »I am not a criminal« she said, »nor are my comrades ... Please explain to*

*the readers of your big American paper that the Communists are not
responsible for the bombing outrages which they have reading about...
They are instigated by German reactionary agents in effort to convince
the Entente that disarmament should not be carried out...«*

In diesem Interview geht es um Bombenanschläge, die im Zusammenhang mit dem Generalstreik 1921 auf Bahnstrecken u.a. verübt wurden.
Gabriele Kaetzler hält sie für Machenschaften von agents provocateurs,
die die Siegermächte des 1. Weltkriegs davon abhalten sollen, die be-
schlossene Entwaffnung Deutschlands durchzuführen.

Im Jahr 1923 lebt Gabriele in Thüringen, zeitweilig in Gotha bei der
kommunistischen Reformpädagogin Frieda Winckelmann. Während
ihrer illegalen Arbeit für die KPD lernt Gabriele auch den Journalisten
Alexander Abusch kennen, der in Jena lebt und für die kommunistische Zeitung *Neue Zeit* arbeitet. Sie bittet ihn, ihrer Tochter Wise, die
zu der Zeit in Berlin als Stenotypistin bei der *Roten Fahne* beschäftigt
ist, eine Stelle zu besorgen, da auch Wise für einige Zeit die Großstadt
Berlin verlassen möchte. Gabriele, Wise und ihr Sohn Tiki wohnen
jetzt, 1924, in Jena im Haus von Adolf und Eva Reichwein (s.o.). Wise
wird Sekretärin bei der *Neuen Zeit*; sie und Abusch gehen bald eine
Liebesbeziehung ein, aus der 1925 Marianne Barthel (Wise ist offiziell
noch mit Max Barthel verheiratet), genannt »Maudi«, hervorgeht. Als
sich auch Eva und Adolf Reichwein trennen, wird in ihrem Haus in
Jena mehr Platz frei, so dass auch Abusch sowie später Wises Bruder
Tommy dort einziehen. Tommy, inzwischen 20 Jahre alt, ist Lehrling
in den Zeiss-Werken.

Auch die Jüngste der Kaetzlerfamilie, Betschi, kommt manchmal aus
dem nahegelegenen Landerziehungsheim Wickersdorf zu Besuch.

In seiner Autobiografie *Der Deckname* beschreibt Alexander Abusch
Wise, seine »erste große Liebe« folgendermaßen:

Alexander Abusch über Wise und Gabriele Kaetzler:

*»Wise, norddeutsche Umwandlung des Namens Luise, war von einer
eigenartig slawisch oder vielleicht irländisch blonden Schönheit, literarisch interessiert, zeichnerisch begabt, tüchtig in der Arbeit. Wir waren
vom ersten Tag an in der Freizeit zusammen, verstanden und stritten
uns um Fragen der Dichtung und Politik... Die Mutter war nach Wesen
und Herkunft eine originelle Frau: Tochter eines ostelbischen Freiherrn;*

jung mit ihrem 20 Jahre älteren Hauslehrer durchgebrannt, gebar sie ihm sechs Kinder, von denen vier Kommunisten und zwei mit der Partei Sympathisierende wurden. Sie selbst war glühende Anhängerin von Karl Liebknecht, Rosa Luxemburg und natürlich Clara Zetkin...

Gaby K., in ihrem schlichten Äußeren fast bäuerlich, war eine sehr gefühlsbetonte Kommunistin, aber aus voller Überzeugung, und dazu eine treusorgende ›Stammesmutter‹ ihrer Familie.«[1]

1924/1925 fahndet die Münchner Polizei in Bayern wieder einmal nach Gabriele Kaetzler – erfolglos.

Denn sie lebt, wie wir wissen, inzwischen in Jena.

Fahndungsaufruf

Polizeidirektion München an die Gendarmerie-Station Kottern, Bez. Amt Kempten
München, den 3. Januar 1925
Eilt!

Gabriele K a e t z l e r war vor und während der Räteherrschaft in Bayern eine äusserst rührige Spartakistin, die mit den Führern der Rätezeit in Verbindung stand. Gegen sie war im Jahre 1919 ein Strafverfahren wegen Beihilfe zum Hochverrat beim Standgerichte München anhängig; sie wurde jedoch freigesprochen.

Aus dem anlässlich der Aufdeckung der kommunistischen Passfälscherwerkstatt in Berlin-Neukölln aufgefundenen Schriftmaterial war ersichtlich, dass für eine »Ketzler« ein falscher Pass auf den Namen der Löterin Emma R u d o l p h... ausgestellt worden war. Das Polizeipräsidium Berlin vermutet, dass diese »Ketzler« mit der Gabriele Kaetzler personengleich ist. ...

Nach Mitteilung der Gend. Station Oberhaching vom 29.12.1924 soll sich Gabriele Kaetzler bei Freunden der bekannten Kommunistin Thekla Karpf-Egl ... in Kottern bei Kempten aufhalten. ...

Sollte Kaetzler betroffen werden, ist sie festzunehmen.

...

1 Alexander Abusch, *Der Deckname*, Berlin 1981, S. 138f.

[Antwort:]

Zur Polizeidirektion München

Für Kottern, Neudorf u. Schelldorf ist weder eine Gabriele Kaetzler noch eine Emma Rudolph gemeldet ...
Gend. Stat. Kottern, den 8. Januar 1925

Das Letzte, was wir über Gabriele aus der Zeit der Weimarer Republik wissen, stammt aus einem offiziellen Spitzelbericht, der an sämtliche Länder des Deutschen Reichs geschickt wurde:

Spitzelbericht

Reichskommissar für Überwachung der öffentlichen Ordnung
Berlin, den 4. Februar 1927

An die Nachrichtenstellen der Länder
...
Betr. Reichskonferenz des Roten Frauen- und Mädchenbundes
Inzwischen sind noch folgende Teilnehmer... bekannt geworden:
...
6. K ä t z l e r, geb. v. d. Goltz, Gabriele (auch »Schriftstellerin Merten« und »Garbier genannt Merten«), Ehefrau, geb. am 1.10.72 in Berlin, wohnhaft in Jena. – Gauleiterin des Gaus Thüringen.
...

Leider konnte der Hinweis, Gabriele Kaetzler sei auch als Schriftstellerin tätig gewesen, bisher nicht verifiziert werden.

Über die Kaetzlers und ihre Freundinnen und Freunde in den letzten Jahren der Weimarer Republik konnte folgendes eruiert werden:
• Wise zieht 1926/27 mit ihren beiden Kindern und Alexander Abusch wieder nach Berlin. Sie arbeitet weiterhin als Stenotypistin bei der *Roten Fahne*. Alle leben zusammen in der Kaetzlerschen Wohnung in Berlin-Weißensee.
• Tommy Kaetzler ist ab 1927 Ingenieur bei Siemens.

- Im Jahr 1929 trennt sich Wise von Abusch, ist aber weiterhin bei der *Roten Fahne* beschäftigt.
- Fite arbeitet inzwischen ebenfalls für eine linke Publikation, die *Inprekorr,* die Zeitung der Kommunistischen Internationale.
- Fites – von ihr getrennt lebender – Mann Adolf Steinschneider arbeitet in Frankfurt als linksoppositioneller Rechtsanwalt für die der KPD nahe stehende »Rote Hilfe« und für die von seinem Vater Max Steinschneider mitbegründete »Liga für Menschenrechte«.
- Stasi Kaetzler schreibt sporadisch in der *Linkskurve,* der Zeitschrift des »Bundes proletarisch-revolutionärer Schriftsteller«; bekannt ist zumindest ein Artikel über »Betriebszeitungen der Reaktion«.[1]
- Alexander Abusch bezieht nach der Trennung von Wise in Berlin ein Zimmer in der Wohnung von Stasi Kaetzler und seiner Lebensgefährtin Traut Hajdu.
- Traut Hajdu wiederum war vermutlich ausgebildete Fotografin und arbeitete für die KPD und die *Arbeiter-Illustrierte Zeitung.*

Spätestens hier sei eine Anmerkung angebracht: Es fällt auf, dass sowohl Fite und Wise Kaetzler als auch Hilde Kramer kontinuierlich Jahre und Jahrzehnte für die (kommunistische) Presse arbeiten. Wie die hier abgedruckten Briefe zeigen, haben alle drei Frauen – besonders Wise – eine wache, scharfe Beobachtungsgabe, sind sie in der Lage, ihre Beobachtungen anschaulich, oft auch witzig, in Worte zu fassen. Man, frau sollte meinen, ideale Voraussetzungen, um journalistisch tätig zu sein. Tatsächlich sagte Tiki / Thomas Barthel in seiner Trauerrede nach Wises Tod:

> »Man hat meine Mutter einen ›geborenen Reporter‹ genannt, der freilich seine Fähigkeiten kaum je anwandte.«

Nicht »anwandte« oder nicht »anwenden konnte /durfte« weil niemand ihr eine Chance gab? Es fällt auf, dass die Männer in der Nähe von Fite und Wise alle »schreiben«: Wises und Fites Bruder Stasi tut es, Wises Lebensgefährten Barthel und Abusch ebenfalls, Fites Mann Steinschneider auch. Es gibt keine Anzeichen, dass diese doch fortschrittlichen, linken Männer die Frauen ermutigt hätten, auch zu »schreiben«, nicht nur zu »tippen«.

Durch ihre Mutter Gabriele zu Selbstbewusstsein und Unabhängigkeit erzogen, waren sie aber ihrer Zeit als ursprünglich »bürgerliche«

---

1 *Die Linkskurve,* 2. Jg., Nr. 1 vom 1.1.1930, S. 25f.

Frauen dennoch weit voraus, indem sie immer für ihren eigenen Lebensunterhalt sorgten, besser: sorgen mussten. Zeitweise hätte jedoch Wise als Ehefrau des bekannten Dichters Max Barthel durchaus ein bequemeres Leben führen können – ebenso wie Fite als Frau des wohlhabenden Rechtsanwalts Steinschneider.

Tommy Kaetzler und seine Nichte Maudi in Wise Kaetzlers Reformkostladen in Berlin, ca. 1935.

2.2 Die Jahre 1933-1945

Über das Leben von Gabriele Kaetzler und ihren Kindern während der Nazizeit war nur Fragmentarisches zu eruieren.

• Mit dem Verbot der KPD und ihrer Presseorgane 1933 verliert Wise ihren Arbeitsplatz bei der *Roten Fahne*. Illegal arbeitet sie jedoch weiter für die KPD und eröffnet im Berliner Norden einen kleinen Laden für Reformkost, der wohl auch als politische Anlaufstelle gilt (vgl. Foto S. 132). Auch Gabriele lebt und arbeitet vermutlich dort.

• Fite Steinschneider, geborene Kaetzler, wohnt zusammen mit ihrem Sohn Stefan und Hilde Kramer in der Togostraße 31b, Berlin-Wedding.

• Adolf Steinschneider, Gabrieles ehemaliger Schwiegersohn, der nicht nur linker Strafverteidiger, sondern auch Jude ist, emigriert nach dem Reichstagsbrand im Februar 1933 in die Schweiz. Fite folgt ihm mit dem gemeinsamen Kind Stefan, ebenso wie Eva Reichwein mit dem gemeinsamen Kind Marie-Louise. Eva Reichweins Verwandtschaft wird daraufhin von der Gestapo in Schutzhaft genommen, ihr selbst wird Straffreiheit zugesichert, wenn sie wieder nach Deutschland zurückkehrt – eine Falle, wie sich herausstellt: Eva Reichwein wird in Frankfurt festgenommen.

• Lotte Schlesinger, geborene Kornfeld, emigriert in die USA und lebt ab 1936 in New Jersey. Sie vernichtet leider alle Aufzeichnungen aus ihrer revolutionären Zeit in Deutschland (Karl Radeks Briefe, Kniefs Tagebuch etc.). Ein 1930/31 verfasster Briefroman, in dem sie die Entwicklung ihrer schwärmerischen Liebe zu Radek beschreibt, ist allerdings erhalten[1].

Pfingsten 1933, 14 Jahre nach ihrer ersten Festnahme durch Freikorps in der »Ordnungszelle Bayern« werden – welch ein »Zufall« – alle vier Frauen, nämlich Gabriele, Fite und Wise Kaetzler sowie Hilde Kramer in Berlin wieder verhaftet und in Schutzhaft genommen.

---

1 Siehe auch: Karin Kuckuk, »Lotte Kornfeld (1896-1974) – Eine junge Frau unter Revolutionären«, in: *Arbeiterbewegung und Sozialgeschichte*. Zeitschrift für die Regionalgeschichte Bremens im 19. und 20. Jahrhundert, Heft 19, 2007, S. 79-84.

Adolf Steinschneider berichtet darüber:

Adolf Steinschneider an Fräulein Ginsberg

Mlle Ginsberg
Comité für emigrierte Intellektuelle, Club International
Rue Monthoux
Genf

derzeit Zürich, den 30. Dezember 1933

Sehr geehrtes Fräulein Ginsberg,
Herr Dr. Wertheimer vom Büro des Völkerbundes hat mich an Sie verwiesen...
Ich musste unter erheblicher Lebensgefährdung Deutschland bereits in den ersten Märztagen verlassen, da ich als Verteidiger in zahlreichen politischen Prozessen den derzeitigen Machthabern in Südwestdeutschland ... sehr bekannt und schon seit Jahren sehr unbequem war. Seitdem halte ich mich in Zürich auf, vom Bundesrat und vom Regierungsrat des Kantons Zürich bin ich als politischer Flüchtling anerkannt worden. Mein Vermögen habe ich fast restlos verloren... Meine beiden Kinder, von denen das eine aus einer freien Verbindung stammt, also unehelich ist, habe ich, weil sie mir gefährdet schienen, ebenfalls herkommen lassen...
Die Mutter des einen Kindes [Eva Reichwein mit Marie Louise] *sitzt wegen politischer Tätigkeit in Frankfurt in Haft... Meine geschiedene Frau mit unserem Kinde* [Fite Steinschneider, geb. Kaetzler, mit Stefan] *befindet sich zur Zeit hier. Sie trägt noch meinen Namen. Auch sie wurde in Berlin zusammen mit ihrer Mutter und ihren Schwestern in »Schutzhaft« genommen. Alle vier Damen wurden bei der »Vernehmung« von dem amtierenden Kommissar geohrfeigt. Auf die 60jährige Mutter, notabene die Tochter des früheren Chefs des Marinekabinetts, Admiral v. d. Goltz, wurde von einem S.A.-Mann während des Verhörs ein Revolverschuss als Schreckschuss abgeschossen. Die alte Frau hat einen Schock, meine Frau eine Herzneurose davon getragen. Meine Frau war lange Zeit als Sekretärin bei der dem Ekki* [Exekutivkomitee der Kommunistischen Internationale] *unterstehenden* Internationalen Pressekorrespondenz *tätig. Dieser Umstand im Zusammenhang mit ihrem Namen genügten für diese Behandlung. Das sind keine Greuelmärchen, sondern Tatsachen, für die ich einstehe. Man darf damit*

nichts anfangen, da die Beteiligten ja alle noch in Berlin bzw. in Frank-
furt ansässig sind.
...
Wenn Sie etwas für mich tun könnten, wäre ich Ihnen sehr sehr dank-
bar... Da ich französisch verstehe, wäre mir eine Tätigkeit in der West-
schweiz bzw. in Südfrankreich sehr sympathisch...

Mit vorzüglicher Hochachtung
[Adolf Moritz Steinschneider]
Rechtsanwalt

• Fite lebt also seit 1933 in Zürich und arbeitet wieder als Sekretärin
bei einem Pressedienst: der RUNA, einem Schweizer Tagespresse-
dienst, der hauptsächlich Kominternmeldungen verbreitete. Ihr Kol-
lege dort ist der legendäre Züricher Linksintellektuelle, Verleger und
Buchhändler Theo Pinkus, der von ihr berichtete, dass sie »wie ein
Maschinengewehr« geschrieben habe.
   Um ihren Aufenthalt in der Schweiz zu sichern, heiratet Fite in einer
Scheinehe einen Schweizer Bürger; Adolf Steinschneider soll dafür viel
Geld bezahlt haben – so wie er überhaupt sich rührend um seinen Sohn
und dessen Mutter sorgt. Ihm selbst wird, nachdem er sich 1935 kurz
in Paris aufgehalten hat, die Wiedereinreise in die Schweiz verweigert.
Fortan schlägt er sich in Paris mit Gelegenheitsarbeiten durch. Sohn
Stefan geht – der damaligen Tradition vieler Kinder von Linksintel-
lektuellen entsprechend – in einem »Landerziehungsheim« zur Schule,
in die Ecole d'Humanité im Kanton Fribourg, eine Gründung des im
Jahre 1934 aus Deutschland emigrierten Reformpädagogen Paul Geheeb und seiner Frau Edith. (Geheeb hatte zuvor an der Odenwaldschule
unterrichtet und davor im LEH Wickersdorf, wo wiederum Stefans
Kaetzlers Tante Betschi zur Schule gegangen war.)
   • Hilde und Wise arbeiten 1935 bei der Berliner Kartellverwaltung
Bureau Theodor Eschenburg. Im März 1936 wird Wise wieder von der
Gestapo verhaftet und für sechs Wochen in Fuhlsbüttel inhaftiert; um
ihre beiden Kinder kümmern sich solidarische Nachbarn. Ihr Reformkostladen wird zwangsweise geschlossen. Wise emigriert im Gegensatz
zu ihrer Mutter und mehreren ihrer Geschwister nicht und arbeitet
illegal politisch weiter. Sie lebt höchstwahrscheinlich während der gesamten Nazizeit in Berlin bzw. in Mahlow bei Potsdam.

- Alexander Abusch, der Vater von Wises Tochter Maudi, lebt nach 1933 zunächst im Exil in Prag. Ähnlich wie Adolf Steinschneider ist er als Linker und Jude in Nazideutschland doppelt gefährdet. Wise organisiert 1936 einen mehrwöchigen Ferienaufenthalt der elfjährigen Maudi bei ihrem Vater, die offiziell in Prag eine Tante besucht. Um ihr Kind nicht zu gefährden – Maudi ist ja Halbjüdin und Tochter bekannter Kommunisten – bringt Wise sie bis Kriegsende bei einer Familie in Schweden unter.
- 1936 hält auch Gabriele die Zeit reif zu emigrieren: Sie zieht zu Fite nach Zürich.
- Ihr ältester Sohn Stasi (manchmal auch »Stasy« genannt) lebt mit seiner Frau Traut bereits seit geraumer Zeit in Paris im Exil, ab 1935 dann in Barcelona. Als 1936 der Spanische Bürgerkrieg beginnt, wird Stasi für das Propagandakommissariat der autonomen katalanischen Regionalregierung tätig und redigiert die deutschsprachigen Nachrichten von Radio Barcelona.
- Hilde Kramer emigriert im März 1937 nach England und heiratet dort einen Desmond Fitzgerald.
- Über Gabriele Kaetzler in den letzten 30er Jahren erfahren wir immer wieder sporadisch etwas aus den Briefen von Adolf Steinschneider. Aus ihnen geht hervor, dass er in einem lebhaften Briefwechsel mit seiner ehemaligen Schwiegermutter »Gabi« – von den Enkelkindern liebevoll »Omu« genannt – steht. Leider sind diese Briefe verschollen.
- Im Oktober 1937 findet ein »grosses Ereignis« (so ein Brief von Adolf Steinschneider vom 20. Oktober 1937)[1] statt: Der Besuch von Fite und Sohn Abbi / Stefan in Paris. Fite erzählt Steinschneider offenbar voll klammheimlicher Freude von einem »trojanischen Pferd« in der Familie. Adolf berichtet jedenfalls seinen Brüdern Gustav und Karl in Palästina:

> »[Fites] Besuch galt gleichzeitig der Erledigung einiger wichtiger Angelegenheiten, so z.B., dass man ihren Bruder Thomas, der jetzt in Zürich ist und bei Siemens nach zehnjähriger Tätigkeit plötzlich entlassen wurde, als Spezialingenieur nach Barcelona schickt. Dumm genug von den Hitlern! Nachdem er als Spezial-Spezial für fernlenkbare Flugzeuge bestens ausgebildet ist, überlassen sie ihm gewissermaßen dem Feinde...«

---

1   Alle Briefe von Steinschneider im Depositum Adolf Moritz Steinschneider, a.a.O.

Wir wissen nicht, ob dieser Spanienaufenthalt tatsächlich stattgefunden, Tommy in Barcelona seinen älteren Bruder Stasi getroffen hat und die beiden Brüder politisch zusammengearbeitet haben. Zur Erinnerung: Knapp 20 Jahre zuvor, im Mai 1919, mussten die beiden damals 16- und 14-jährigen Brüder in Riederau »Familienoberhäupter« spielen, weil ihre Mutter und ihre beiden älteren Schwestern im Gefängnis saßen; mit Spaß und Eifer gebärdeten sie sich damals als Riederauer »Bürgerschreck«.

• Gabriele lebt, wie aus den Briefen Steinschneiders hervorgeht, in dieser Zeit natürlich in ständiger Angst um ihre Kinder, die noch in Nazideutschland wohnen. Aber auch ihr Sohn Stasi lebt in Barcelona in Zeiten des spanischen Bürgerkriegs nicht gerade ungefährlich. Im Januar 1939 erwirkt Gabriele Kaetzler »auf Grund ihrer Mériten« (Steinschneider) vom spanischen Außenministerium die Erlaubnis, ihren Sohn in Barcelona zu besuchen.

> »Sie will als Begleiterin eines Kindertransportes in einem Camion die Reise unternehmen. Die alte Frau ist wirklich eine Heldin«

schreibt Adolf Steinschneider nach Palästina (Brief an Karl Steinschneider, 12. Januar 1939). Ob es zu dieser Reise kam, ist ebenfalls unklar: Das republikanische Spanien gelangte am 1. April 1939 mit massiver außenpolitischer Unterstützung, vor allem durch Hitlerdeutschland, in die Hände des Franco-Faschismus.

• Gabrieles jüngster Sohn Assi /Erasmus zieht spätestens 1938 nach Mailand und gründet dort eine Familie.

Hier Auszüge aus weiteren »Lageberichten« von Adolf Steinschneider über sich und seine »durcheinandere« Familie aus dem Jahre 1936:

Adolf Steinschneider an seinen Bruder Gustav in Tel Avif

[Paris,] 5.10.36

Lieber Gust,

...

Aber gestern waren mal zur Abwechslung sämtliche Cafés von Paris geschlossen... es dauerte nur 24 Stunden. Streik. Ich war in einem Riesenmeeting, wo spanische Delegierte von den Fronten, Kommunisten und Anarchisten vereint, unter frenetischem Beifall der Massen Waffen! forderten, um die [französische] Regierung gewaltsam von der Neutralitätspolitik abzubringen. Vorsitz hatte eine sehr hübsche Spanierin, die »Passionara«, die ihr Kind auf dem Schosse hielt, während sie der Versammlung präsidierte... In Spanien scheint es grauenvoll zuzugehen. Die von Radio Barcelona verbreiteten Nachrichten, soweit sie in sehr guter deutscher Sprache ediert werden, werden von Stasy [Stasi Kaetzler] zubereitet, der sich bereits zum zweiten Mal in seinem Leben im unmittelbaren Revolutionskampf bewährt. Gabi war mit Tommy bei Fite und Abbi [Steinschneiders Sohn Stefan]... Jetzt fährt Gabi wieder nach Deutschland und nimmt für 14 Tage Abbi mit, sie werden auf ihrer Durchfahrt durch Frankfurt Eva [Reichwein] und Musch [Steinschneiders Tochter Marie Louise] besuchen. So sehen sich denn meine beiden Kinder nach wiederum zwei Jahren zum dritten Male, diesmal ohne mich. Eine durcheinandere Familie gibt es wohl nicht. Ich vermag es neu hinzukommenden Bekannten schon selbst nicht mehr klar zu machen...

Viele Grüße Dein Adolf

Adolf Steinschneider an Frau Tresling,

Unterstützerin von Adolf Steinschneider

Paris V, den 31. Dez. 1936

Liebe Meyrouw Tresling,

es bedarf wohl keiner besonderen Erwähnung, dass meine Wünsche für das neue Jahr speziell für Sie die herzlichsten und aufrichtigsten sind!

... Für Abbi ergibt sich der Vorteil, dass auch seine Grossmutter, an der er mit größter Zärtlichkeit hängt, im Sommer nach Zürich übergesiedelt ist. Sie ... bekümmert sich sehr um ihn, wenngleich sie auch sehr darüber klagt, dass die vier Hitlerjahre sie sehr zermürbt hätten... Die alte Frau könnte Ihnen mal etwas erzählen, wenn Sie sich über die Zustände in Deutschland richtig informieren wollen. ... Also mit meiner Schwiegermutter a.D. korrespondiere ich sehr eifrig über Abbis Zukunft, während sich die Mutter mir gegenüber schon seit Monaten in Schweigen hüllt...

Ihr Ihnen stets dankbarer

Adolf Steinschneider

Adolf Steinschneider wird nach Kriegsausbruch vom französischen Staat als deutscher Staatsbürger für schwere körperliche »Kriegshelfer«-Arbeiten eingesetzt. Trotzdem schreibt er weiter an seinem sozialanthropologischem, nie veröffentlichten opus magnum »Menschheit und Polarität«. 1940 flüchtet er – wie viele andere deutsche Emigranten – vor den Hitler-Truppen nach Südfrankreich. (Einen elf Seiten langen Brief an seine ehemalige Frau Fite, in dem er u. a. über diese abenteuerliche Flucht berichtet, kann man auf der Homepage des Adolf Moritz Steinschneider-Archivs, www.steinschneider.net, nachlesen.) Er lässt sich mit seiner Tochter Musch und Eva Reichwein, die er dort heiratet, in Bellac bei Limoges nieder. Im Sommer 1944 gerät Adolf Steinschneider in ein Mordpogrom der SS-Panzerdivision »Das Reich«; in Bellac wird er zusammen mit seinem Freund Hans Lauterbach verschleppt und erschlagen. Abbi/Stefan Kaetzler und Musch/Marie Louise Steinschneider verlieren so im Alter von 17 Jahren ihren Vater. Für Marie Louises Mutter Eva ist dieser Schicksalsschlag noch schwerwiegender: Im gleichen Jahr 1944 wird auch ihr erster Mann Adolf Reichwein von den Nazis als sozialdemokratischer Widerstandskämpfer hingerichtet.

Ansonsten überleben – wie durch ein Wunder – alle Mitglieder der Familie Kaetzler Nazizeit und 2. Weltkrieg. Gabrieles nicht emigrierte Söhne Thomas und Erasmus werden zur Wehrmacht einberufen, überleben aber auch.

4.3 Nach 1945

Während des Krieges hatte sich Gabriele Kaetzler in Zürich im evangelischen Flüchtlingshilfswerk des Pfarrers Paul Vogt engagiert; Vogt setzte sich ungeachtet vieler Anfeindungen für das Asylrecht aller vom Nationalsozialismus Verfolgten in der Schweiz ein.

Durch jahrzehntelange politische illegale Arbeit offenbar zermürbt, scheint in dieser Zeit Gabriele Kaetzlers »Glaube« an die Kraft der Arbeiterbewegung nachgelassen, der zu einem christlichen Gott zugenommen zu haben.

1946 kehrt Gabriele nach Deutschland zurück, obwohl sie durchaus in der Schweiz bei ihrer Tochter Fite und deren Sohn Stefan hätte bleiben können. Sie lebt fortan bei ihrer jüngsten Tochter Betschi in Bad Nauheim, die dort bei einer amerikanischen Nachrichtenagentur arbeitet. Mit Pfarrer Vogt in Zürich steht die nun 75-jährige in lebhaftem Briefwechsel.[1]

1 Der Briefwechsel zwischen Gabriele Kaetzler und Paul Vogt befindet sich unter der Signatur NL Paul Vogt 3.4.1.10 im Archiv für Zeitgeschichte in der ETH (Eidgenössische Technische Hochschule) Zürich.

Gabriele Kaetzler an Paul Vogt
(anlässlich dessen Pensionierung)

Hechingen… frz. Zone, d. 30. März 47

Lieber, sehr verehrter Herr Pfarrer,
… Es sind viele, denen Sie nicht nur eine unvergessliche Erinnerung
aus den Jahren der Emigration bleiben werden, sondern die Ihnen im-
mer verbunden sein werden, als dem Wegweiser zum göttlichen Ziel…
Und dann kam von meinem Sohn aus franz. Kriegsgef[angenschaft]
die herrliche Nachricht, dass er und viele, viele Gef[angene] im April
befreit würden, seit 38 im Jan. hab ich ihn nicht gesehen! So hab ich mir
vom Mil. Government ein Permit to travel to French Zone and return
vom 15. März – 10. April erbeten u. bin nun seit 14 Tagen bei meinem
lieben Sohn Thomas und freue mich an ihm u. an vielem Neuen…
Ihre G. K.

Der Briefwechsel zwischen Gabriele Kaetzler und Paul Vogt aus
den Jahren 1943-48 wäre eine eigene Veröffentlichung/Untersuchung
wert. Gabriele liest in dieser Zeit von Shakespeare über Napoleon bis
Tolstoi alles, was sich mit dem Thema Krieg und Frieden beschäftigt.
Sie setzt sich mit der »sozialen Frage« auseinander sowie ihrer Be-
handlung durch Kirche und Staat und macht sich Gedanken über ein
»neues« Deutschland. Sie berichtet in die Schweiz über die Nürnberger
Kriegsverbrecherprozesse und über lebhafte Diskussionen zum Thema
Kollektivschuld und ob man – wäre man exilierter Jude – wieder nach
Deutschland zurückkehren würde oder nicht.
Überraschenderweise verteidigt sie die Deutschen, relativiert die
Naziverbrechen, schreibt sie, vermutlich wider besseres Wissen, zum
Beispiel am 10. November 1947:

> »Judenverfolgungen wurden vom großen Teil des Volkes abgelehnt.«

Man hat den Eindruck, dass sie in warmherziger Narodniki-Manier
immer nur »das Gute im Menschen« sehen will, dass sie Negatives
verdrängt.

Gabriele Kaetzler an Pfarrer Vogt, Zürich

Tübingen, 7.8.47

Lieber, verehrter Herr Pfarrer,
... Ich persönlich komme ja viel mehr mit Menschen guter Gesinnung zusammen..., so dass ich nicht so deprimiert bin wie viele – wie meine Kinder, die zu meinem Kummer sagen: 80 % dieses Volkes soll man erschiessen. Was sehen denn nun die Deutschen? Dass überall Krieg und Rüstung weitergeht; dass 7 Mill. Holländer 40 Mill. farbige Indonesen beherrschen, dass das Ostmittelmeer die strat[egische] Zone wird, wo der Kampf um die riesigsten Erdöllager der Welt in Arabien zwischen USA und SU losgehen wird, China ein Handelsobjekt...
Ihre G. K.

Die Weltpolitik beobachtet Gabriele Kaetzler nach wie vor also sehr genau, sie ist geradezu hellseherisch, was die kommenden Nahostkonflikte und -kriege angeht. Irgendwann scheinen aber auch ihr die schier unerschöpflich erscheinenden Kräfte auszugehen. Seit Monaten liegt sie im Jahr 1947 beengt im Krankenhaus, wohl auch als Notlösung, weil sie sonst kein Dach über dem Kopf hat. Dort aber muss sie sich, die Zeit ihres Lebens für eine bessere Gesellschaft gekämpft hat und dafür Gefängnisstrafen, Demütigungen und Strapazen erlitten hat, von alten Nazis beschimpfen lassen.

Gabriele Kaetzler an Pfarrer Vogt, Zürich

14.10.47

Lieber verehrter Pfarrer Vogt,
... ich schreibe Ihnen immer noch vom Krankenhaus aus, im 6. Monat, wenn auch eine eigentlich Behandlung nicht mehr nötig ist, aber ich habe immer noch kein richtiges Unterkommen, bin ohne Heim, denn Bedingung zum Wohlbefinden ist für jeden entwickelten Menschen ein Raum, der ihm allein gehört; der Mensch braucht Ruhe, Selbstbestimmung... Unser Chefarzt erfuhr neulich ganz zufällig, dass ich den Bombenkrieg nicht mitgemacht habe u. da sagte er ganz scharf zu mir. »Sie waren so wohl geborgen in d. Schweiz, nichts ist Ihnen geschehen, der Anstand sollte Ihnen den Mund schließen, Sie sollten schweigend dieser Tragödie (kein Wort von Schuld!) Deutschlands gegenüberstehen.« Da bei der Visite die Stationsschwester immer da ist, hat sie wohl

allen gleich erzählt, was mir P. gesagt hat, u. alle sind kühl und zurück-
haltend gegen mich., die ich... so sehr gut Freund mit allen war. Aber
Emigrant gewesen zu sein, das merke ich nun persönlich – in der Presse
werden sie immer heftig beschimpft – ist eine große Schmach, Fahnen-
flucht und Drückeberger und – man bekommt Pakete!
... Lieber Pfarrer, Sie können doch nicht denken, dass ich im Alters-
heim sitzen würde, sitzen könnte. Mein ganzes Leben, seit ich 22 Jahre
bin, ging ich aus einem »Gstad« meiner Jugend [Vogt hatte Gabriele
eingeladen, ihren Lebensabend im schweizerischen Gstad zu verbin-
gen] in das schwere Leben, wo ich meinen Unterhalt als bescheidene
Lehrerin – was bekamen wir denn schon? 80, 90 M Monatsgehalt – mir
verdiente. Ich verbrachte mein Leben nahe den Armen (den Erniedri-
gten und Beleidigten, wie man es literarisch so schön nannte)... Und ich
habe es immer noch besser als die meisten andern, denn ich »bekomme
ja Pakete«. Colis suisses...
Ihre G. K.

Der Kontrast zwischen der wohlhabenden, unzerstörten Schweiz und
dem zerbombten, hungernden Nachkriegsdeutschland war natürlich
groß; in den Briefen an Pfarrer Vogt in Zürich beklagt sich Gabriele
über das »zerschmetterte und zerstörte... von allen Mitteln entblößte
Land« und äußert wieder einmal Verständnis für die »schuldlos schul-
dig gewordenen« Deutschen – ein Verständnis, das Pfarrer Vogt ebenso
scharf zurückweist wie es ihre eigenen Kinder tun (s.o.) Sie schreibt
aber auch:

> »Und dieses Land ist nicht sympathisch; das Naziwesen hat seinen Stil doch stark
> aufgedrückt, immer wieder begegnet man dieser zackigen, überheblichen Art...«

Durch Vermittlung der Organisation »Opfer des Faschismus«[1] macht
die inzwischen stark behinderte Gabriele Kaetzler Ende November
1947 in Nidda eine Kur, in einem

> »Sanatorium mit Leuten von Linksfärbung und rass. Verfolgten, also wahrscheinlich
> sehr angenehm, «

wie sie am 10. November 1947 schreibt.

1 Der Sprachgebrauch und auch die Tatsache, dass Gabriele KPD-Mitglied war, lässt
  darauf schließen, dass diese Kur von der Sowjetischen Zone organisiert/finanziert
  wurde.

Und wie erging es ihren Kindern und Freundinnen?

• Wise Kaetzler wohnt bei Kriegsende weiterhin in Mahlow bei Potsdam, im dortigen Krankenhaus hatte sie die letzten Jahre als Arztsekretärin gearbeitet. Alexander Abusch, der Vater ihrer aus Schweden zurückgekehrten Tochter Maudi, kommt aus dem mexikanischen Exil ebenfalls zurück und besucht mehrmals seine inzwischen über 20-jährige Tochter und deren Mutter. Wise ist weiterhin politisch aktiv und regt sich laut Abusch auf über rechte Sozialdemokraten in der SED, die jetzt das große Wort führten und »die in der Hitlerzeit nichts oder fast nichts getan haben. Wir Kommunisten sind beiseite gedrückt.«[2]

• Wises Sohn Tiki/Thomas Barthel erhält in Berlin (Ost) ein Stipendium für ein Ethnologiestudium; er wird später ein bekannter Osterinsel-Forscher. Wise selbst arbeitet in einer »Vorstudienanstalt«. Das war eine Bildungseinrichtung der DDR für alle, die aufgrund politischer und/oder rassischer Verfolgung während der Nazizeit Bildungsdefizite hatten. Wises Tochter Maudi, die einen Großteil ihrer Jugend in Schweden verbracht hatte, wird hier Schülerin/Studentin. Deren Mitschülerin und Freundin Sonja verliebt sich wiederum in ihren Halbbruder Tiki, den sie 1948 heiratet.

Im Jahr 1947/48 zieht Wise nach Bad Nauheim zu Mutter und Schwester – zum Leidwesen Alexander Abuschs, der in der DDR bald Karriere als Kulturfunktionär macht. Wise aber besteht darauf, dass Kommunisten in der Westzone ebenso dringend gebraucht würden wie in der Ostzone. Ob und wie sie hier aber tatsächlich auch politisch arbeitete, ist bisher nicht bekannt. (Sonja Barthel, die erste Frau von Wises Sohn Tiki/Thomas, war im Jahre 2004 überrascht, dass ihre Schwiegermutter einmal eine so politisch engagierte Frau gewesen war.)[3] Wise soll in den 1950er Jahren für die Schweizer *Weltwoche* geschrieben haben.

• Von Stasi Kaetzler ist nur bekannt, dass er nach den Niederlage der Republikaner im spanischen Bürgerkrieg mit seiner Frau Traut(e) nach Mexiko ins Exil geht, dort weiterhin politisch arbeitet (u.a. zusammen mit den deutschen Kommunisten Ludwig Renn, Bodo Uhse, Anna Seghers, vermutlich auch mit seinem zeitweiligen Schwager Alexander Abusch). Nach dem Krieg soll er in Mexiko eine Lederwarenmanu-

---

2 Alexander Abusch, *Mit offenem Visier.* Memoiren, Berlin 1986, S. 122.
3 Sonja Barthel selbst hat eine sehr spannende und lebendig geschriebene Autobiografie verfasst: *Wie war das damals, erzähl doch mal*, Eigendruck im Selbstverlag, 2007, erhältlich über Geschichtswerkstatt Lüneburg.

faktur eröffnet haben. Er stirbt dort 1959, kinderlos. An seine Mutter schickt er in der Nachkriegszeit Care-Pakete.

• Über Assi / Erasmus Kaetzler ist nichts weiter bekannt, als dass er 1947 als »beglaubigter Antifaschist« aus französischer Kriegsgefangenschaft entlassen wird und sich mit seinen Geschwistern Tommy und Fite am Bodensee trifft. Er geht wieder zurück zu seiner Frau nach Milano, wo er 1980 stirbt.

• Als Betschi Kaetzler 1953 von Bad Nauheim nach Bad Godesberg umzieht, geht Gabriele nicht mit, sondern zieht – obwohl inzwischen im Rollstuhl sitzend – wieder nach Zürich zu Fite, wo sie 1954 stirbt. Fite stirbt im Alter von nur 56 Jahren zwei Jahre später.

• Tommy Kaetzler arbeitet in den 1960er Jahren als Ingenieur bei IBM und lebt mit seiner Schwester Wise in Böblingen. Er stirbt 1978. Er hinterlässt keine Kinder, ebensowenig wie seine Schwester Betschi, die hochbetagt 1997 in Bad Godesberg stirbt.

• Der freundschaftliche Kontakt zwischen Fite und Wise sowie Hilde Fitzgerald, geborene Kramer, besteht weiterhin. Hilde ist nach dem Krieg in London als Sozialforscherin und Bibliothekarin tätig und veröffentlicht 1956 eine anerkannte Untersuchung über die englische

Gustav Steinschneider und Lotte Schlesinger, geb. Kornfeld, 1969

Sozialfürsorge während des 2. Weltkriegs.[4] 1949 besucht sie Fite in Zürich und übernimmt 1950/51 eine Bürgschaft für Fites Sohn Stefan, der in London Englisch studiert. Sie soll in den 90er Jahren des 20. Jahrhunderts in Chicago gestorben sein

• Lotte Schlesinger, geborene Kornfeld lebt nach dem Krieg weiterhin in USA, fährt aber regelmäßig nach Europa und pflegt Kontakte zu alten Freunden, wie z.b. zu Gustav Steinschneider, dem zeitweiligen Schwager ihrer Freundin Fite Kaetzler. Musch Steinschneider ist im Besitz nebenan abgebildeten Fotos, das auf der Rückseite beschriftet ist: »Für Gustav. Venedig, März 1969, L.«. Lotte stirbt 1974.

• Wise stirbt am 27. Juni 1977. Die erhalten gebliebene Trauerrede hielt ihr Sohn Tiki/Thomas Barthel. Für das Jahr 1977 klingt sie teilweise etwas seltsam »abgehoben«, macht aber im Nachhinein vielleicht klar, warum die Beziehung seiner Eltern, dem expressiv-pathetischen Lyriker Max Barthel und der schnoddrigen »Berliner Schnauze« Wise Kaetzler scheiterte:

Hochansehnliche Trauergemeinde,

versammelt vor dieser Menschenhülle, die 78 Jahre hindurch von einem rebellischen Geist und Charakter durchweht war, gedenken wir einer ungewöhnlichen Persönlichkeit, in deren Lebensgang sich alle Stürme und Verwerfungen dieses Säkulums widerspiegeln... Man hat meine Mutter einen ›geborenen Reporter‹ genannt, der freilich seine Fähigkeiten kaum je anwandte... Ihr bilderhungriges Auge labte sich an den avantgardistischen Filmen eines Eisenstein und an den gesellschaftskritischen Zeichnungen eines George Grosz. Die schonungslose Karikatur, die bissige Satire entsprachen ihr bis in die eigenen Charakterzüge hinein... Nicht minder stark empfand dieser Augenmensch die Farbigkeit großer europäischer Malerei... Ich halte inne. Meine Mutter hatte jene Doppelbegabung zum Wort und zum Bild, wie sie nicht selten anzufinden ist... Daß Dichtung und Malerei auch unter ärmlichen Lebensbedingungen stets gegenwärtig und verfügbar waren, rechnet der Sohn seiner verstorbenen Mutter als schönste persönliche Wirkungsgeschichte an.

4   Sheila Ferguson/Hilde Fitzgerald, *Studies in the Social Services*, London 1954.

Unsere Verstorbene war »eine von sechs«, eine aus der so familienbe-wußten Geschwisterschar Kätzler. Niemand tat mehr für meine sieche Mutter als die Geschwister, allen voran Bacci [Beate, auch »Betschi«]. Ihnen möchte ich von Herzen danken für ihre unpathetische Solidari-tät.

Solidarität – das war der Traum meiner Mutter in den hellen und dunklen Tagen unseres Zeitalters…[1]

So ganz vergessen sind die Kaetzlers in Bayern inzwischen nicht mehr. Der hier veröffentlichte Briefwechsel wurde von Egon Günther und Thies Marsen zu einem Hörspiel mit dem Titel »Die roten Frauen von Riederau« ausgearbeitet und im Oktober 2005 vom Bayrischen Rundfunk gesendet. Zusammen mit dem Heimatverein Diessen organisierten sie im März 2006 eine szenische Lesung mit dem gleichen Titel. Der Briefwechsel wurde von den SchaupielerInnen Conny Glogger, Katja Schild, Achim Höppner und Jörg Hube eindrucksvoll vorgetragen.

1   Die Rede wurde mir freundlicherweise von Maria Barthel zur Verfügung gestellt.

Nachwort

In dieser Schrift sind verschiedene Arten von Quellen benutzt worden, die hier noch einmal kritisch betrachtet werden sollen.

Da sind erstens die Gerichts- und Polizeiakten. Sie sind für uns von gewissem Wert, da wir ohne sie noch weniger über das Engagement von Frauen wüssten. Zuverlässig verwertbare historische Quelle sind diese Akten jedoch nicht immer, da weder Aussagen vor Gericht noch Spitzelberichte als »Wahrheit« zu betrachten sind.

Zweitens sind viele Schriften und Erinnerungen der männlichen Beteiligten der Räterevolution überliefert. In ihnen werden die hier zitierten Frauen – wie schon im Vorwort erwähnt – durchweg als »facteur négligable« behandelt.

Das gilt z. B. für Thekla Egl und Anny Klawa. Von Thekla Egl ist bekannt, dass sie eine mutige, sehr engagierte Frau und sehr oft mit Ernst Toller zusammen war (Geliebte oder nicht, sei dahingestellt), dass sie eine gewisse Rolle in der Rätezeit spielte, besonders bei den Kämpfen um Dachau. Toller, der später in »Eine Jugend in Deutschland« und anderen Texten sehr genau die Ereignisse beschrieb, erwähnt sie mit keinem Wort. Dasselbe betrifft Anny Klawa, die Toller sogar extra aus der Schweiz zur Unterstützung seiner Arbeit »angefordert« hatte.

Erich Wollenberg schrieb mit seinem »Als Rotarmist vor München« ein ganzes Buch nur über die Kämpfe um Dachau – weder Thekla Egl noch Anny Kawa noch Hildegard Menzi werden darin erwähnt.

Hilde Kramer war Gründungsmitglied der VRI, Mühsam schickte sie als Delegierte nach Bremen und Berlin; sie war unermüdlich politisch aktiv. Auch Erich Mühsam verfasste mehrere Schriften über jene Zeit – der Name Hilde Kramer taucht nirgends auf.

Ebensowenig finden Lida G. Heymanns Ausführungen, dass Hedwig Kämpfer und andere Frauen mit den roten und weißen Garden verhandelten – sicher keine nebensächliche »Anekdote« – ein Feedback.

Teilweise ganz anders behandeln Polizei, Justiz und Medien die an der Revolution beteiligten Frauen. Von ihnen werden sie nicht unbedingt totgeschwiegen, sondern entweder mit Häme lächerlich gemacht (vgl. z.B. den Prozessbericht Hildegard Kramer) oder als ewig teuflische Verführerinnen dargestellt. So eindrucksvoll eine Persönlichkeit wie Hildegard Menzi vielleicht auch war –, dass Eglhofer »ganz in ihrem Bann« stand, kann bezweifelt werden. Ein ähnlich sexistisch-irrationales Bild wird von der »dämonischen« Elma Klingelhöfer gemalt.

Bleibt das Bild, das uns die Frauen selbst vermitteln.

Vorweg sei gesagt: Die Mehrheit der Frauen wählte im Jahre 1919 nicht »links« – obwohl es ja gerade die »linken« engagierten Frauen waren, die das Frauenwahlrecht erkämpft hatten; erst recht nicht war diese Mehrheit »revolutionär«. Sie war – genau wie die männliche Mehrheit – konservativ bis unpolitisch, durchaus auch opportunistisch und obrigkeitshörig. Es war eine Frau Geiss, die dem Paar Knief / Kornfeld hinterher spionierte und es bei der Polizei »hinhängte«, es war ein »Frl. Flamersfeld«, das keine Skrupel hatte, sich im Auftrag der Bamberger SPD-Regierung in die Gefängniszellen von Gabriele, Fite und Wise Kaetzler einschleusen zu lassen und sie zu bespitzeln.

Wenn wir jedoch die revolutionär engagierten Frauen betrachten, die in diesem Buch vorgestellt werden, so eint sie alle ein konsequentes Festhalten an der Idee, dass eine neue Gesellschaft, in der Freiheit – Gleichheit – Brüderlichkeit oder auch – Schwesterlichkeit herrschen, möglich sein muss. Alle, durchweg alle Frauen, bezahlen ihre Überzeugung mit Inhaftierung oder anderen Repressionen. Und keine von ihnen lässt sich dadurch einschüchtern, »schwört ab«. Eine solche Aufbruchstimmung und Solidarität, vor allem bei Frauen, gab es – diese These sei gewagt – seitdem nicht wieder in Deutschland.

Die Frauen lassen sich, politisch gesehen, in zwei Gruppen einteilen: Die eine, vom »Bund sozialistischer Frauen« repräsentiert, setzt sich vorwiegend für spezifische Frauenforderungen ein, hält wenig von den »Männerparteien«. Sie ist sozialistisch-pazifistisch orientiert und gruppiert sich um Anita Augspurg und Lida G. Heymann.

Die andere Gruppe bilden Frauen wie zum Beispiel Thekla Egl, Hildegard Menzi und die Frauen um Gabriele Kaetzler. Sie sind mehr kommunistisch als feministisch engagiert.

Beiden Gruppen ist aber vieles gemeinsam. Im November 1918 eint sie die Begeisterung über die Revolution. Das ist vielleicht das Auffallendste: Es erscheint so, als ob die Frauen viel mehr als die Männer ihre ganzen Hoffnungen auf eine neue Gesellschaftsordnung setzten, dass sie davon träumten, Utopien verwirklicht zu sehen. (Eine große Rolle spielt dabei sicher der 1. Weltkrieg mit seinem oft dokumentierten männlichen Hurra-Patriotismus. Auch Männer, die es eigentlich besser hätten wissen müssen, ließen sich – im Gegensatz zu vielen Frauen – blenden.) Was nicht heißt, dass diese Frauen »Traumtänzerinnen« waren, im Gegenteil. Sie hegen zum Beispiel samt und sonders eine Abneigung gegen alles Metaphysische, Religiös-Verbrämte und machen Front gegen die reaktionäre, frauenfeindliche Politik der Kirche.

Energisch meistern die meisten Frauen die praktischen Probleme sowohl der Politik wie die des Alltags – darin erfahrener und kompetenter als ihre männlichen Mitstreiter. Gabriele Kaetzler ist eine Nahrungsmittel-Versorgungsspezialistin für die Revolutionäre. Anita Augspurg und Lida Gustava Heymann organisieren das Verfassen, Drucken, Verteilen und Verschicken von Tausenden von Flugblättern. Gertrud Baer stapft mit einem Rucksack voller Propaganda-Material auf dem Rücken und einer Glocke in der Hand über Land und betreibt Wahlagitation für Anita Augspurg. Genauso »praktisch« nutzt Gabriele Kaetzler ihre berufsbedingten Aufenthalte in Zügen und auf Bahnhöfen zur Agitation.

Politisch ist allen Frauen die Verurteilung der Politik der SPD-Führung gemeinsam, sowie ihre Kompromisslosigkeit, ihre Radikalität, ihr Mut. (Anita Augspurg: »Wir Frauen wollen keine Kompromisse mehr.« Wise Kaetzler: »Man kann ja gar nicht radikal genug sein.«)

Kompromisslos in ihrem Pazifismus begeben sich Gertrud Baer und andere Frauen in Gefahr und schlagen sich durch die bewaffneten Kämpfe zu den Führern der roten Armee und der weißen Garden durch.

Unerschrocken in ihrem jugendlichen Elan macht Wise Kaetzler die Spartakuskämpfe in Berlin mit, Hildegard Kramer die Kämpfe in München.

Ohne zu zögern versteckt Gabriele Kaetzler immer wieder politisch Verfolgte, begibt sie sich der politischen Arbeit zuliebe in die Illegalität und damit in die Gefahr.

Keine der hier vorgestellten Frauen wechselte im Laufe ihres Lebens die politische Couleur, alle wurden entschiedene Antifaschistinnen.

Abgesehen vielleicht von Lotte Kornfeld ist keine der Frauen auf eine starre Politdoktrin fixiert, im Gegenteil: Besonders der Gruppe um den »Bund sozialistischer Frauen« liegt die Einheit der Sozialistinnen und Sozialisten sehr am Herzen. Und es ist sicher nicht nur politische Hilflosigkeit und Unerfahrenheit, wenn Fite Kaetzler einerseits in die USPD eintritt und andererseits die *Rote Fahne* der KPD abonniert, wenn sie schreibt:

> »Sozi ist doch schließlich Sozi; mein Gott, das Ziel ist doch dasselbe, und das ist doch das ausschlaggebende.«

Vermutlich wurden die Fites dieser Zeit, die nicht auf Anhieb die ideologischen Unterschiede zwischen Anarchisten, Kommunisten und linken Sozialdemokraten zu benennen wussten, von den männlichen Revolutionären belächelt. Eine – zugegebenermaßen wissenschaftlich nicht zulässige – These sei trotzdem erlaubt: Hätten »die Linken« Fite Kaetzlers Einstellung geteilt, wäre der Nationalsozialismus vielleicht zu verhindern gewesen.

Last not least sei hier noch einmal erwähnt, was alle Frauen – abgesehen vielleicht von Lida Gustava Heymann und Anita Augspurg – außerdem noch einte: Sie wurden von der männlichen Geschichtsschreibung schlichtweg »vergessen«.

> »Auch 40 Jahre später ist mehr von den männlichen ›Revolutionären‹ die Rede als von den ›Revolutionärinnen‹. Eine Beschäftigung mit den eigenständigen Frauenkämpfen findet – außer in der kritischen Frauenforschung – nicht statt.«[1]

Das allerdings ist kein Zitat von 1958, das sich auf 1918 bezieht; vielmehr geht es um 1968. Es stammt von Gisela Notz aus dem Jahre 2008. Der Artikel heißt »Wohin flogen die Tomaten?«.

---

1 Gisela Notz, »Wohin flogen die Tomaten? Entstehungsgeschichte(n), Risiken und Nebenwirkungen der neuen Frauenbewegung der 70er Jahre«, in: SoZ, *Sozialistische Hefte für Theorie und Praxis,* Nr. 16, April 2008.

Verwendete Literatur

Abusch, Alexander, *Der Deckname.* Memoiren, Berlin 1981
Abusch, Alexander, *Mit offenem Visier.* Memoiren, Berlin 1986
Alvarez Gutiérrez, José und **Kleiser,** Paul B., *Sozialistinnen,* Frankfurt/M. 1989
Arbeiterbewegung und proletarische Frauenbewegung in der Weimarer Republik. Frankfurt am Main 1980

Barthel, Karl Wolfgang, *Tiki, der Osterinselforscher.* Erinnerungen an meinen Bruder Thomas, unveröffentlichtes Manuskript, Berlin 2006
Barthel, Max, *Kein Bedarf an Weltgeschichte.* Geschichte eines Lebens, Wiesbaden 1950
Barthel, Sonja, *Wie war das damals, erzähl doch mal ...* Lebenserinnerungen 1917 bis 2006, Lüneburg 2007
Beutin, Wolfgang, *Knief oder Des großen schwarzen Vogels Schwingen,* Würzburg 2003
Beyer, Hans, *Von der Novemberrevolution zur Räterepublik in München,* Berlin 1957
Bölke, Gundula, *Die Wandlung der Frauenemanzipationsbewegung von Marx bis zur Rätebewegung.* Hamburg 1975
Bosl, Karl (Hrsg.), *Bayern im Umbruch.* Die Revolution von 1918, ihre Voraussetzungen, ihr Verlauf und ihre Folgen, München -Wien 1969

van Dülmen, Andrea (Hrsg.), *Frauen.* Ein historisches Lesebuch, München 1988

Erlay, David, *Von Gold zu Rot.* Heinrich Vogelers Weg in eine andere Welt, Bremen 2004

Frauenalltag und Frauenbewegung im 20. Jahrhundert. Materialsammlung zu der Abteilung 20. Jahrhundert im Historischen Museum Frankfurt, Frankfurt am Main 1980
»Frauenfragen«. Vortrag von Frau Dr. Kempf, München, o. O., o. J.
Frei, Anette, *Die Welt ist mein Haus.* Das Leben der Anny Klawa-Morf, Zürich 1991
Frevert, Ute, *Frauengeschichte,* Frankfurt am Main 1986

Fritton, Michael Hugh, *Literatur und Politik in der Novemberrevolution 1918/1919.* Theorie und Praxis revolutionärer Schriftsteller in Stuttgart und München (Edwin Hörnle, Fritz Rück, Max Barthel, Ernst Toller, Erich Mühsam), Frankfurt am Main u.a. 1986. (= »Europäische Hochschulschriften«; 01; 926)

Frölich, Paul, *Die Bayrische Räte-Republik,* Leipzig 1920, Reprint Karlsruhe 2001

Gerstenberg, Günther, *Rosa Aschenbrenner – ein Leben für die Politik,* Münchner Skizzen 12, München 1998

Graf, Oskar Maria, *Wir sind Gefangene.* Ein Bekenntnis aus diesem Jahrzehnt, München 1927

Günther, Egon, *Baierische Enziane.* Ein Heimatbuch, Hamburg 2005

Hervé, Florence, *Frauen-Bilder-Lesebuch,* Hamburg 1982

Herz, Rudolf und Halfbrodt, Dirk, *Revolution und Fotografie,* München 1918/19, Ausstellungskatalog, Berlin-München 1988

Heymann, Lida Gustava und **Augspurg,** Anita, *Erlebtes-Erschautes.* Deutsche Frauen kämpfen für Freiheit, Recht und Frieden, Hrsg. von Dr. Margit Twellmann, Meisenheim am Glan 1972

Hitzer, Friedrich, *Der Mord im Hofbräuhaus.* Unbekanntes und Vergessenes aus der Baierischen Räterepublik, Frankfurt a.M. 1981

Hofmiller, Josef, *Revolutionstagebuch 1918/19.* Aus den Tagen der Münchner Revolution, Leipzig 1939

Illustrierte Geschichte der deutschen Revolution. Berlin 1929 (Reprint)

Im Dunst aus Bier, Rauch und Volk. Arbeit und Leben in München von 1840 bis 1945. Ein Lesebuch. Hrsg. Reinhard Bauer, Günther Gerstenberg und Wolfgang Peschel, München – Zürich 1989

Kerbs, Diethart, *Günter Reimann (1904 - 2005):* ein Kommunist im Zentrum der amerikanischen Finanzwirtschaft, in: Ders., Lebenslinien. Deutsche Biographien aus dem 20. Jahrhundert, Essen 2007, S. 81-92

Knief, Johann, *Briefe aus dem Gefängnis,* Berlin 1920

Krafft, Sybille (Koordination), *Frauenleben in Bayern von der Jahrhundertwende bis zur Trümmerzeit,* München 1993

Krafft, Sybille (Hrsg.), *Zwischen den Fronten.* Münchner Frauen in Krieg und Frieden 1900 – 1950, München 1995

Kuckuk, Karin, »Lotte Kornfeld (1896-1974) – Eine junge Frau unter Revolutionären«, in: *Arbeiterbewegung und Sozialgeschichte.* Zeitschrift für die Regionalgeschichte Bremens im 19. und 20. Jahrhundert, Heft 19, 2007, S. 79-84

Leviné, Rosa, *Aus der Münchner Rätezeit.* Berlin 1925
Liebknecht, Karl, *Briefe an seinen Sohn Helmi,* Weimar 1947

Mühsam, Erich, *Fanal.* Aufsätze und Gedichte 1905-1932, Berlin 1984
Mühsam, Erich, *Tagebücher 1910-1924,* hrsg. und mit einem Nachwort von Chris Hirte, München 1994
Mühsam, Zenzl, *Eine Auswahl aus ihren Briefen,* Schriften der Erich-Mühsam-Gesellschaft, Heft 9, Lübeck 1995
Die Münchner Räterepublik. Zeugnisse und Kommentar. Hrsg. Tankred Dorst, Frankfurt am Main 1966

Pinkus, Gertrud, »Gertrud Baer«. Frauenbewegung bis 1920. In: *Frauenjournal-Offensive* Nr. 10/1977/78

Revolution und Räteherrschaft in München. Aus der Stadtchronik 1918/19. Zusammengestellt und bearbeitet von Ludwig Morenz. München-Wien 1968
Revolution und Räterepublik in Augenzeugenberichten. Hrsg. von Gerhard Schmolze, Düsseldorf 1969
Rohde, Ilse, *Heinrich Vogeler und die Arbeitsschule Barkenhoff,* Europäische Hochschulschriften, Frankfurt/M. 1997

Schneider, Heinz-Jürgen, **Schwarz,** Erika und Josef, *Die Rechtsanwälte der Roten Hilfe Deutschlands.* Politische Strafverteidiger in der Weimarer Republik. Geschichte und Biografien, Bonn 2002
Schuster, Ingrid und Rudi, **Steinschneider,** Marie-Louise, »Kontakt mit Kommunisten war schon wieder verpönt«, in: Heinz-Jung-Stiftung (Hrsg.), *Linke im Kalten Krieg.* Autobiographische Berichte aus Frankfurt am Main 1945 bis 1968, Köln 2007
Schwarzwälder, Herbert, *Berühmte Bremer,* München 1972

Seidel, Anneliese, *Frauenarbeit im Ersten Weltkrieg als Problem der staatlichen Sozialpolitik (Bayern),* Frankfurt am Main 1979

Seligmann, Michael, *Aufstand der Räte.* Die erste bayerische Räterepublik vom 7. April 1919, 2 Bde., Grafenau 1989

Sender, Toni, *Autobiographie einer deutschen Rebellin,* hrsg. Gisela Brinker-Gabler, Frankfurt am Main 1981

Stenographischer Bericht über die Verhandlungen des Kongresses der Arbeiter-, Bauern- und Soldatenräte vom 25. Februar bis 8. März 1919 in München/Berlin o. J. (Reprint)

Süddeutsche Freiheit. Kunst der Revolution in München 1919, Hrsg. Helmut Friedel, Bearb. Hustin Hoffmann; Ausstellungskatalog, München 1993/94

Thönessen, Werner, *Die Frauenemanzipation in Politik und Literatur der deutschen Sozialdemokratie (1863-1933),* Geinhausen 1958

Toller, Ernst, *Prosa, Briefe, Dramen, Gedichte,* Reinbek 1961

Toller, Ernst, *Eine Jugend in Deutschland,* Hamburg 1963

Viesel, Hansjörg, *Literaten an der Wand.* Die Münchner Räterepublik und die Schriftsteller, Frankfurt am Main 1980

Volland, Eva Maria und **Bauer,** Reinhard (Hrsg.), *München – Stadt der Frauen.* Kampf für Frieden und Gleichberechtigung 1800 – 1945. Ein Lesebuch, München 1991

Weber, Herrmann / **Herbst,** Andreas, *Deutsche Kommunisten.* Biographisches Handbuch, 1918 bis 1945, Berlin 2004

Weiland, Daniela, *Geschichte der Frauenemanzipation.* Hermes Handlexikon. Düsseldorf 1983.

Wollenberg, Erich, *Als Rotarmist vor München.* Reportage aus der Münchner Räterepublik., Berlin o. J., Reprint Hamburg 1972

Die Zwanziger Jahre in München, Ausstellungskatalog Münchner Stadtmuseum, München 1979

Periodika (jeweils Jg. 1918/19):

Münchner Neueste Nachrichten (liberal; z.Z. der ersten Räterepublik von Anarchisten und USPDlern besetzt und von ihnen herausgegeben)
Münchner Post (SPD)
Münchner Rote Fahne (KPD)
Die Rote Fahne (Spartakusbund/KPD)
Neue Zeitung (USPD)
Die Frau im Staat (Jg. 1919)
Die Linkskurve (Jg. 1929/1930)

Abbildungsnachweise

S. 23: Archiv der Münchner Arbeiterbewegung (Günther Gerstenberg);
S. 100 und Umschlagklappe: Archiv der Münchner Arbeiterbewegung;
S. 107: Fotograf unbekannt; aus Herz/Halfbrodt, *Revolution und Fotografie*, S. 114;
S. 123: Besitz Sonja Barthel;
S. 144: Besitz Marie Louise Steinschneider.

Personenregister

Ergänzend werden auch Frauen der Münchner Rätezeit genannt, die im Buch nicht erwähnt wurden.

Landauer, Babette, Mathilde und Emilie (Schwestern von Gustav Landauer, planten 1917 die USPD-Jugendorganisation, wurden nach den Januarstreiks 1918 bei einer Hausdurchsuchung, wegen Landesverrats verhaftet)

Landauer, Gustav 13, 16f., 21, 32, 61, 108, 117

Lerch, Sarah Sonja (im Zusammenhang mit den Januarstreiks am 1.2.1918 wegen Landesverrats verhaftet. Selbstmord im März 1918 im Gefängnis Stadelheim).

Levien, Max, Dr. 15, 29, 46, 63, 83f., 108, 113, 115, 117, 120

Leviné, Eugen 15f., 29, 36f., 44, 46, 63f., 69f., 99, 111, 115, 117, 120

Leviné, Rosa 37, 115, 125

Liebknecht, Helmi (Wilhelm) 69, 73, 92, 101, 103

Liebknecht, Karl 71, 73f., 88, 94, 107, 127

Liebknecht, Sophie (Sonja) 69, 71, 73f., 92, 94, 101, 111

Lohde, Martha (bei Spartakus-Aufständen in Bremen und Leipzig beteiligt; Sekretärin Eglhofers, am 5.5.1919 verhaftet).

Luxemburg, Rosa, Dr. 21, 40, 71, 83f., 107, 129

Maurer, Emilie 47

Max, Stora 12

Menzi, Hildegard, Dr. 27, 45ff., 147

Mühlbauer, Luise 48

Mühsam, Erich 7, 15f., 18, 31f., 39, 41, 44, 46, 61ff., 70f., 83f., 92, 95, 102, 104, 108, 111, 147

Mühsam, Zenzl 18, 46, 98

Pfülf, Toni 19ff., 38

Quidde, Margarete und Ludwig, Prof. Dr. 12f.

Reichel (Vorname konnte nicht eruiert werden; Frau des Malers Hans Reichel; beide versteckten nach Niederschlagung der Räterepublik Ernst Toller in ihrem Atelier im Schwabinger Suresnes-Schlösschen; sie erhielt für Beihilfe zur Flucht Tollers zwei Monate Festungshaft).

Reichwein, Eva 127f., 133f., 136, 139

Rubiner, Frida 26, 37

Sachs, Lessie (eigentlich: Elisabeth Valseka, Malerin; arbeitet in der Propagandaabteilung der KPD; in ihrer Wohnung fanden oft Sitzungen der KPD, Sektion Schwabing statt; in der 2. Räterepublik in der Waffenkommission; erhielt 1 Jahr 3 Monate Festungshaft).

Schuhmann-Fischer, Dr. (Gründungsmitglied »Bund sozialistischer Frauen«; ihr Mann Hermann Schuhmann, KPD, war im Sekretariat des Wirtschaftsrates der 2. Räterepublik tätig; vom 26.6. bis 4.7.1919 in Haft.).

Selenka, Margarethe Leonore 13

Neu bei ISP
Das Standardwerk des französischen Trotzki-Forschers